Hermann Brosien

Karl der Große

REPRINT – VERLAG
LEIPZIG

Die zum Teil geminderte Druckqualität ist auf den Erhaltungszustand der Originalvorlage zurückzuführen.

Bibliographische Information der Deutschen Nationalbibliothek
Die Deutsche Nationalbibliothek verzeichnet diese Publikation in der Deutschen Nationalbibliographie; detaillierte bibliographische Daten sind im Internet über www.d-nb.de abrufbar.

Volker Hennig, Goseberg 22-24, 37603 Holzminden
www.reprint-verlag-leipzig.de
ISBN 978-3-8262-0219-3

Neuausgabe der Originalausgabe von 1885
nach dem Exemplar des Verlagsarchives

Lektorat: Andreas Bäslack, Leipzig
Einbandgestaltung: Jens Röblitz, Leipzig
Texterfassung: Gerda Kaunath, Holzminden
Gesamtherstellung: Westermann Druck Zwickau GmbH

Karl der Große. (Nach der Metzer Bronze-Statue. Aus Stacke, Deutsche Geschichte I.)

Inhaltsverzeichnis

Kapitel I.

Die Lage des fränkischen Reichs beim Tod Pippins

Um die Mitte des achten Jahrhunderts hatte in dem großen Reich, das der Merowinger Chlodovech jenseits des Rheins begründet hatte, eine neue Dynastie den Thron bestiegen, während sie die Herrschaft in Wirklichkeit schon seit länger als einem Jahrhundert besaß. Pippin der Jüngere nämlich, der gleich seinen Vorfahren das höchste Amt im fränkischen Reich, das des Hausmeiers, verwaltete, war im November 751 in der alten Stadt Soissons von den Häuptern des fränkischen Volkes zum König gewählt worden, nachdem Papst Zacharias auf die Anfrage der Franken seine Zustimmung zu dieser Erhebung gegeben hatte.

Das neue Geschlecht, dessen Heimat auf altgermanischem Boden, im heutigen Belgien zwischen Mosel und Maas, zu suchen ist, war berufen, die germanischen Stämme diesseits des Rheins, welche noch im Heidentum verharrten und der von den Römern überkommenen Bildung noch nicht teilhaftig geworden waren, in den Verband des fränkischen Reichs aufzunehmen und einer höheren Gesittung entgegenzuführen. Schon Pippin sehen wir die Bahn betreten, welche dann mit noch größerem Erfolg sein Sohn Karl gewandelt ist.

Das fränkische Reich umfasste damals nicht nur das heutige Frankreich und die Landschaften auf dem linken Rheinufer bis zur Zuidersee, sondern auch diesseits des Rheins waren die im heutigen Süddeutschland wohnenden Stämme der Alemannen und Bayern und nördlich davon die Thüringer unterworfen. Pippin hat sogar gegen die Sachsen mehrere glückliche Feldzüge unternommen, in denen er bis zur Weser vordrang. Um die fränkische Herrschaft auf germanischem Boden zu sichern, hatte schon Pippins Vater Karl Martell (d.i. der Hammer) das Herzogtum bei dem Volk der Alemannen aufgehoben und die Ausübung der öffentlichen Gewalt, wie es jenseits des Rheins üblich war, an Grafen übertragen. In Bayern zwar hat er dem angestammten, herzoglichen Geschlecht der Agilolfinger die Herrschaft nicht entrissen, doch ließ er sich von dem jugendlichen Herzog Tassilo einen Eid der Treue leisten, wie ihn sonst im fränkischen Reich Fürsten nicht zu schwören pflegen.

Obwohl schon im siebten Jahrhundert durch einzelne Missionare, vornehmlich aus Irland und Schottland, in Süddeutschland der Samen des Evangeliums gestreut war, wo die Klöster St. Gallen und Reichenau und im folgenden Jahrhundert katholische Kirchen zu Regensburg, Salzburg, Passau und Freising entstanden, so bleibt doch die Ausbreitung des Christentums in Thüringen und die Organisation der Kirche Deutschlands, soweit es damals unterworfen war, das unbestrittene Verdienst des Angelsachsen Bonifatius. Ihm verdanken die Bistümer zu Salzburg, Regensburg, Freising und Passau, ferner zu Würzburg und Eichstätt und im hessischen Buraburg, das allerdings nur kurze Zeit bestand, ihre Entstehung. Diese segensreiche Tätigkeit des ersten Erzbischofs von Mainz fällt zwar noch größtenteils in die Zeit Karl Martells, aber es ist für die Regierung Pippins bezeichnend, dass er es als eine der wesentlichsten Aufgaben seines Herrscheramtes ansah, die Kirche zu fördern und ihren unter seinem Vater geschmälerten Besitz wiederherzustellen. Zwar nicht mit der gläubigen Hingebung wie sein Bruder Karlmann, der neben ihm bis 747 das Amt des Hausmeiers in Austrasien (der Osthälfte des Reichs) bekleidete, aber mit bewusster Energie war Pippin schon vor seiner Krönung bemüht gewesen, die Sittlichkeit der Geistlichen zu heben und ihrer in den früheren Jahrzehnten mehr und mehr zunehmenden Verweltlichung zu steuern. War es doch unter Karl Martell nichts Seltenes gewesen, dass Geistliche in kriegerischem Aufzug das Heer ins Feld begleiteten oder von Hunden und Falken umgeben auf die Jagd zogen! Obwohl Pippin nur allmählich der Kirche einen Teil ihrer Güter wiedergeben konnte, weil dieselben oft dem Adel als Lehen übertragen waren, so hat er doch wenigstens verordnet, dass die gegenwärtigen Besitzer einen Zins dafür an die Kirche zahlen und im Fall ihres Todes dieser die Güter ganz überlassen sollten. Auch für gewisse Verbrechen, durch welche das göttliche Gesetz verletzt schien, wie z. B. den Meineid, hat er die Mitwirkung der Geistlichkeit in Anspruch genommen.

Allerdings musste sich der fränkische Adel, den man zur Herausgabe des Kirchengutes zwang, in seinen wesentlichsten Interessen verletzt fühlen, und wir bemerken wiederholt, dass er die der Kirche zuneigende Politik Pippins bekämpfte. Dies tritt besonders hervor, wenn man dessen Stellung zu den Päpsten und dem Volk der Langobarden ins Auge fasst. Diese hatten seit beinahe zwei Jahrhunderten den größten Teil von Ober- und Mittelitalien inne, und außer Unteritalien waren nur größere Landstriche um Ravenna und Rimini am Adriatischen Meer, andererseits um Rom und Neapel unter byzantinischer Herrschaft verblieben. Zwar hatten die Langobarden schon im siebten Jahrhundert sich vom Arianismus zum katholischen Glauben bekehrt, doch trafen sie seit Liutprands Thronbesteigung (713) Anstalten, sich der ganzen Halbinsel zu bemächtigen. Dadurch geriet besonders der Papst in eine üble Lage, denn mit den Langobarden machte der byzantinische Statthalter gemeinschaftliche Sache, seitdem sein Herr, der Kaiser von Ostrom, wegen des Bilderstreits mit dem Papst zerfallen war. Vergebens hatte sich dieser – es war damals Gregor II. – mit der Bitte um Hilfe an Karl Martell gewandt. Selbst wenn dieser nicht bald darauf gestorben wäre, die Abneigung des fränkischen Adels hätte ihn von einem Einschreiten zu Gunsten der Kirche zurückgehalten. In gleiche Bedrängnis kam später Papst Stephan II. durch König Aistulf, der ebenfalls Rom belagerte. Als von Byzanz keine Hilfe nahte, eilte der Papst über die Alpen und setzte es durch, dass Pippin 754 den Krieg gegen die Langobarden begann und ihren

König wenigstens dazu nötigte, dass er die der römischen Kirche entrissenen Landschaften zurückzugeben versprach. Weil er diese Zusage nicht hielt, vielmehr 756 Rom von neuem belagerte, zwang ihn auf einem zweiten Feldzug Pippin die der römischen Kirche vorenthaltenen Besitzungen am Adriatischen Meer um Ravenna und Rimini herauszugeben. Indem Pippin diese Landschaften, darunter auch das Gebiet von Rom, dem Papst übertrug, hat er den Grund zum späteren Kirchenstaat gelegt. Es ist erklärlich, dass diese Maßregeln nicht nach dem Sinn des fränkischen Adels waren, doch Pippin war mächtig genug, um dessen Abneigung gering achten zu können. Auch die Würde des Patrizius, mit welcher die Schutzherrschaft über die römische Kirche verbunden war, hat er angenommen und durch die Verbindung mit dem Papst seinem großen Sohn den Weg zur Kaiserkrone geebnet. Sein energisches Auftreten nach außen war nur möglich, weil fast überall im Frankenreich Friede herrschte. Nur im Herzogtum Aquitanien, das sich südwärts der Loire bis zu den Pyrenäen erstreckte, erhob sich 760 der Herzog Waifar und dieser Aufstand beschäftigte den König acht Jahre lang; er wurde erst gedämpft, als Waifar bei Périgord ermordet war.

Schon früher war das letzte Bollwerk der Araber im Frankenland, die Stadt Narbonne, gefallen, und völlig geeinigt konnte Pippin das weite Reich von den Pyrenäen bis zum Böhmerwald seinem Sohn hinterlassen, als er am 24. September 768 in St. Denis starb.

Kapitel II.

Karls Jugend

Die Geburt Kaiser Karls ist in ein undurchdringliches Dunkel gehüllt; weder die Zeit, noch der Ort derselben lassen sich bestimmt feststellen. Wohl zuerst von allen fränkischen Königen begnügte sich Pippin, auch darin seine christlichen Anschauungen kundgebend, mit e i n e r Gemahlin. Es war Bertha oder Bertrada, eine Tochter des Grafen Charibert von Laon. Nach einer ziemlich gleichzeitigen Notiz hat ihre Eheschließung erst 749 stattgefunden. Und doch muss Karl, sein ältester Sohn, früher geboren sein. Am besten beglaubigt ist als sein Geburtstag der 2. April 742, obwohl auch manches für das Jahr 747 spricht. Nach moderner Auffassung wäre Karl also ursprünglich unehelich gewesen und erst durch die folgende Vermählung seiner Eltern legitim geworden. Doch kann diese Anschauung in einer Zeit, in welcher sich die kirchliche Eheschließung erst einzubürgern begann, schwerlich als zutreffend bezeichnet werden. Dennoch mögen kirchlich gesinnte Männer schon damals diesen Makel gefühlt haben. So erklärt sich auch, dass Einhard, Karls Biograph, über dessen Geburt und Kindheit schweigt und uns mit der leeren Ausflucht abspeist, dass er darüber keine schriftlichen Quellen habe und niemand mehr am Leben sei, welcher über diesen Punkt Auskunft geben könne. Und doch konnte es einem jüngeren Zeitgenossen des Kaisers, wie es der Biograph war, kaum schwer gefallen sein, über Karls Herkunft den Schleier des Geheimnisses zu lüften, wenn anders er dazu wirklich die Absicht gehabt hat. So gewinnt auch die Feindschaft zwischen Karl und seinem jüngeren Bruder Karlmann, der erst 751, also unbestritten in rechtmäßiger Ehe, geboren ist, eine gewisse Begründung, zumal andere Ursachen zu diesem Zwiespalt unbekannt geblieben sind. Denn Karlmann mochte sich dadurch benachteiligt fühlen, dass sein älterer, nach der Auffassung der Kirche legitimer Bruder, ihm gleichgestellt wurde. Bei der Dürftigkeit der gleichzeitigen Quellen lässt sich diese Frage allerdings nicht abschließend entscheiden.

Auch der Ort, an welchem Karl das Licht der Welt erblickt hat, ist fraglich. Der Mönch von St. Gallen, welcher in der zweiten Hälfte des neunten Jahrhunderts ein reizendes Büchlein über den großen Kaiser schrieb, aber zu sehr aus der Sage schöpfte, als dass man seinen Aufzeichnungen völlig vertrauen könnte, nennt Aachen als Karls Heimat, ein anderer Schriftsteller von gleich geringer Glaubwürdigkeit, Gottfried von Viterbo, Ingelheim, die alte Pfalz der fränkischen Könige in Mainz, wo Karl später einen Palast erbauen ließ. Doch mag die Vorliebe des Kaisers für beide Orte Anlass zu diesen Vermutungen gegeben haben. Die deutsche Sage nennt mehrere Orte in Bayern und Franken, verdient aber nicht den geringsten Glauben. Am wahrscheinlichsten ist, dass Karl auf einem der Güter seines Hauses im heutigen Belgien geboren ist, doch lässt sich nicht bestimmen, welcher Ort den Anspruch erheben darf, die Wiege des großen Kaisers in seinen Mauern geborgen zu haben.

Über Karls Jugend findet man in den gleichzeitigen Quellen nur wenige Bemerkungen. Wir lesen, dass Pippin den jugendlichen Karl dem Papst Stephan entgegensandte, als dieser 754 nach Frankreich eilte, um Beistand gegen die Langobarden zu erbitten. Mit einem Gefolge vornehmer Männer zog Karl dem Papst, es heißt 16 Meilen weit, entgegen und geleitete ihn zu dem Palast zu Ponthion in der Champagne, wo ihn der König erwartete. Als dann der Papst diesen in St. Denis salbte, wurde auch Karl wie sein Bruder zum König der Franken geweiht. In diese Zeit scheint auch ein Ereignis zu fallen, von dem ein Mönch noch aus Karls Mund gehört zu haben vorgibt. Bekanntlich legte man in Kirchen und Klöstern des Mittelalters noch weit mehr als heute darauf Wert, seltene Reliquien zu besitzen, und zahlreiche Schriften sind uns erhalten, in welchen die feierliche Übertragung der Gebeine eines Heiligen zu einem Kloster geschildert wird. So erzählt auch jener Mönch, dass die Reliquien des hl. Germanus, dem zu Ehren die katholische Kirche noch heute den 28. Mai feiert, in die Kirche von St. Germain des Près zu Paris übertragen wurden. Dieser Feierlichkeit wohnte auch der junge Karl mit seinem Vater bei. Es ist charakteristisch für den frommen Wunderglauben jener Zeit und für die Anschauungen der Kreise, in welchen Karl aufwuchs, dass man damals folgendes Wunder beobachtet haben will. Die heiligen Gebeine hatten bisher in einer Kapelle geruht; als nun die erlauchte Versammlung selbst Hand anlegte, den Sarg von dort zu entfernen, war er nicht von der Stelle zu bewegen. Erst als jemand dem König mitteilte, dass der heilige Germanus zürnen möge, weil die Beamten der klg. Domäne Palaiseau, die in der Nähe lag, das Kloster in höchst gewalttätiger Weise belästigt hätten und der König sofort dies Gut dem Kloster schenkte, schien der Sarg alle Schwere verloren zu haben, wurde mit Leichtigkeit zu seinem neuen Ruheplatz hinübergeführt und versank hier wie von selbst in der Tiefe.

Auch über die Erziehung Karls ist uns nicht mehr bekannt, als dass er mit seinem Vetter Adalhard, dem späteren Abt von Corbie (an der Somme), in aller Klugheit der Welt unterwiesen wurde. Doch scheint der Unterricht nicht gerade tief angelegt gewesen zu sein, denn wie wir unten sehen werden, hat Karl erst als gereifter Mann seine Bildung soweit zu vervollständigen gesucht, als ihm für sein Herrscheramt nötig schien. Mehr Sorgfalt wurde damals auf die Ausbildung des Körpers und die Waffenübung gelegt, und schon früh sehen wir Karl seinem Vater ins Feld folgen. Auch in die Verwaltung scheint ihn der König zeitig eingeweiht zu haben, da er ihm, als er kaum 20 Jahre alt war, mehrere Grafschaften übertrug, obwohl allerdings daraus nicht unmittelbar folgt, dass Karl auch wirklich die Befugnisse seines Amtes ausübte. Sonst wäre gerade das Grafenamt als Vorschule für einen künftigen Herrscher recht geeignet gewesen, da der Graf auf kleinem Gebiet die mannigfachste Tätigkeit entwickelte, Richter und Heerführer in einer Person war.

Kapitel III.

Karls Regierungsantritt – Sein Verhältnis zu Karlmann

König Pippin hatte noch vor seinem Tod das Reich unter seine beiden Söhne geteilt. Als er sein Ende nahe fühlte, berief er die Herzöge und Grafen seines Reiches und die hohe Geistlichkeit und verfügte mit ihrer Zustimmung über sein Erbe in folgender Weise: Der ältere Sohn Karl erhielt den weitaus größten Teil, nämlich das alte Reich Austrasien, womit die Herrschaft über die deutschen Lande zusammenhing, Karlmann fiel der Süden zu, nämlich Burgund und der Küstenstrich am Mittelmeer, von deutschen Landen nur Elsass und Schwaben. Das große Herzogtum Aquitanien im Süden der Loire, dessen Besitz gefährdet schien, wurde unter beide Söhne geteilt. Auch der nordwestliche Teil des Frankenreiches, Neustrien, dessen Bevölkerung aus vornehmlich romanischen Elementen bestand, scheint unter der gemeinsamen Verwaltung beider Brüder geblieben zu sein, jedenfalls sieht man beide hier die Rechte des Herrschers ausüben. Durch ein solches Abkommen wurde auch die Einheit des Reiches in gewissem Sinn aufrechterhalten. Kaum hatte der Vater die Augen geschlossen, so wurden am 9. Oktober 768 beide Könige von den Großen des Reiches auf den Thron erhoben und empfingen die Zeichen der Herrschaft, Karl zu Noyon an der Oise, Karlmann zu Soissons.

Obwohl diese Teilung des Reiches nach den damaligen Anschauungen ganz gerechtfertigt war, so musste sich doch eine Schwächung der fränkischen Macht daraus ergeben, wenn das Einvernehmen zwischen den Herrschern fehlte oder beide einander gar bewusst entgegenwirkten. Dies war hier leider nur zu sehr der Fall. Die Ursache und der Beginn ihrer Zwietracht entziehen sich allerdings unserer Kenntnis, aber wie tief die Feindschaft war, bezeugen Äußerungen von Zeitgenossen bei Karlmanns Tod; sie vergleichen den überlebenden Karl mit Jakob, den Gott vor Esaus Nachstellungen bewahrt habe.

Der Konflikt beider hatte sich in seiner ganzen Schärfe gezeigt, als Karl bei einer Zusammenkunft in Duasdives (Dep. Vienne) seinen Bruder vergeblich um Unterstützung gegen die aufständischen Aquitanier bat. Auch in ihrer Politik gegenüber dem Papst und den Langobarden herrschte zwischen beiden keine Übereinstimmung. In Rom war nämlich nach dem Tod des Papstes Paul (767) ein Laie Konstantin mit der Tiara geschmückt worden. Doch schon nach einem Jahr wurde er von zwei hohen Hofbeamten, Christophorus und seinem Sohn Sergius gestürzt und nach mannigfachen Wirren der fromme Priester Stephan von der Geistlichkeit und dem Volk Roms zum Papst erwählt. Obwohl er seine Erhebung zum Teil der Unterstützung des Königs der Langobarden Desiderius zu danken hatte, so näherte er sich doch auf den Rat seiner Vertrauten den Franken und belohnte die Langobarden mit Undank. Die fränkischen Könige hatten von ihrem Vater die Aufgabe bekommen, Schirmherren der römischen Kirche zu sein, und schon als Knaben war ihnen der Titel Patrizius verliehen. Dagegen war eine mächtige Partei im Frankenreich nicht willens, die Sache des Papstes auf Kosten der Langobarden zu fördern. Auch die Königin Bertrada scheint diese Anschauungen geteilt zu haben; sie zeigt sich bemüht, nicht allein die Eintracht unter ihren Söhnen herzustellen, sondern auch die Schwierigkeiten hinwegzuräumen, welche der Begründung des Einvernehmens mit den Langobarden hinderlich waren. Dies war allerdings nur möglich, wenn Desiderius sichere Bürgschaften gab, dass er mit der römischen Kirche in Frieden leben wolle. Als Vermittler wurde der Herzog Tassilo von Bayern ausersehen, der zugleich ein Neffe Pippins und ein Schwiegersohn des Desiderius war. Schon im

Jahr 769 suchte diesen der Abt Sturm von Fulda, der Vertraute König Karls, auf und veranlasste ihn zur Reise nach Italien. Auch die Königin Bertrada begab sich dorthin, nachdem sie auf einer Zusammenkunft in Selz am Rhein ihren jüngeren Sohn Karlmann bestimmt hatte, sich mit dem älteren Bruder auszusöhnen (770). Sie veranlasste König Desiderius zu dem Versprechen, einige dem Papst entrissene Städte wieder herauszugeben und verabredete eine Vermählung ihres ältesten Sohnes Karl mit des Königs Tochter Desiderata, (oder, wie man neuerdings vermutet, Berterad). Der Papst, der schon darüber gereizt war, dass diese Verhandlungen ohne sein Vorwissen geführt wurden, zeigte sich völlig empört über das Bündnis der Franken mit den Langobarden, das die Folge dieser Ehe sein musste. In einem Brief an die fränkischen Könige, der mehr Schmähungen enthält, als man von einem hohen Kirchenfürsten erwarten sollte, sucht er die Ehe zu hintertreiben. Er schreibt: „Was für ein Wahnsinn wäre es, wenn das treffliche Volk der Franken, das alle anderen überstrahlt, und Euer erlauchtes königliches Geschlecht durch eine Verbindung mit dem meineidigen und stinkenden Volk der Langobarden verunreinigt werden sollte, das man gar nicht zu den Völkern rechnen kann und von dem die Aussätzigen kommen. Keiner, der bei gesunden Sinnen ist, kann es glauben, dass so berühmte Könige sich in eine so verwerfliche und abscheuliche Berührung einlassen: denn was hat das Licht der Gemeinschaft mit der Finsternis? Oder was für ein Teil hat der Gläubige mit dem Ungläubigen?“ Doch vergebens, noch in demselben Jahr fand die Vermählung statt, obwohl Karl sich erst von einer edlen Fränkin Himiltrud, mit welcher er, wie es scheint, vermählt war, trennen musste. Der Papst musste sich beruhigen, näherte sich nun aber Karlmann mehr, den kein so inniges Band an das Königshaus der Langobarden knüpfte. Desiderius war damals ernstlich bemüht, mit dem Papst das Einvernehmen herzustellen. Dazu war aber eine Beseitigung der ihm feindseligen Ratgeber des Papstes, des oben erwähnten

Christophorus und Sergius, erforderlich. Deshalb suchte Desiderius den päpstlichen Oberkämmerer Paul Afiarta für sich zu gewinnen, rückte vor Rom und veranlasste den Papst in einer persönlichen Zusammenkunft, ihm jene Höflinge preiszugeben. Vergebens suchten sie sich zu wehren, Desiderius ließ sie ergreifen und blenden, ohne dass der Papst, der allerdings nur schwache Versuche zu ihren Gunsten machte, sie retten konnte. Dies war geschehen, obwohl Dodo, der Gesandte König Karlmanns, offen die Partei der gestürzten Hofbeamten genommen hatte. Durch diese Annäherung des Papstes an die Langobarden wurde ihr Verhältnis zu den fränkischen Königen völlig umgewandelt. Karlmann nahm sich seines Gesandten an und war geneigt, selbst den Papst mit Krieg zu überziehen. Karl dagegen zürnte besonders Desiderius. Auch mit seiner Gattin war er zerfallen, ja noch in demselben Jahr ließ er sich von ihr scheiden, obwohl viele, darunter auch seine Mutter, ihn von diesem Schritt zurückzuhalten versuchten. Ob Karls Abneigung gegen seine Gattin daher stammt, dass er von ihr keine Nachkommen erwartete, wie der Mönch von St. Gallen erzählt, oder ob er sie nur der Politik zum Opfer brachte, lässt sich nicht sagen. Die verstoßene Gemahlin kehrte über die Alpen in ihr Vaterhaus zurück.

Auch zwischen den beiden Brüdern war die alte Feindschaft wieder aufgelodert, und ein Krieg stand bevor, welcher den Bestand des Frankenreiches sicher gefährdet hätte. Da starb Karlmann, kaum 20 Jahre alt, am 4. Dez. 771 zu Samoucy bei Reims und wurde in der Kirche des heiligen Remigius bei Reims begraben. Ohne das Erbrecht der beiden Söhne zu beachten, welche Karlmann hinterlassen hatte, bemächtigte sich Karl des ganzen Reiches. Auf einer Versammlung des Adels und der Geistlichkeit aus Karlmanns Anteil zu Corbeny (bei Laon) ließ er sich die Herrschaft übertragen. Die Witwe des Verstorbenen, Gerberga, begab sich nach Italien und fand am Hof des Desiderius mit ihren Söhnen eine Zufluchtsstätte.

Kapitel IV.

Die Begründung der fränk. Herrschaft in Italien

Wenige Monate nach Karlmanns Tod, am 24. Jan. 772, war Papst Stephan III. gestorben, und schon am 1. Februar wurde Hadrian I. von der Geistlichkeit und dem Volk Roms zum Papst gewählt. Sofort setzte er die Richter, welche kurz vorher der Oberkämmerer Paul Afiarta verbannt hatte, in ihr Amt wieder ein, wagte es aber noch nicht, diesen mächtigen Beamten zu stürzen. Die Entschiedenheit, mit welcher der neue Papst gegenüber den Langobarden auftrat und sich an die Franken anschloss, lässt erkennen, dass er seine Lage sofort richtig beurteilte. Der Gesandtschaft, welche König Desiderius nach Rom schickte, um ein Bündnis mit ihm zu schließen, erwiderte er, dass er diesen Beteuerungen nicht Glauben schenken könne, da der König seinem Vorgänger Stephan nicht Wort gehalten, vielmehr den Sturz der einflussreichen Ratgeber Christophorus und Sergius herbeigeführt habe. Dennoch ließ sich Hadrian bewegen, den Schatzmeister Stephan und den Oberkämmerer Afiarta zu den Langobarden zu senden. Noch bevor diese am Hof des Desiderius angekommen waren, rückte dieser in den Exarchat, besetzte Faënza und das ganze Herzogtum Ferrara und belagerte sogar Ravenna. Vergebens mahnte der erzürnte Papst den König jene Städte herauszugeben, er erhielt zur Antwort, dies könne nur geschehen, wenn der Papst sich selbst an den langobardischen Hof begebe. Zugleich wurde in Rom bekannt, dass Afiarta, der mittlerweile bei Desiderius eingetroffen war, diesem versprochen hatte, den Papst, und wäre es auch mit Gewalt, ihm zuzuführen. Doch den Verräter ereilte das Schicksal, noch ehe er es ahnen konnte. Damals kam es an den Tag, dass Afiarta die Ermordung des jüngst geblendeten Sergius veranlasst habe. Sogleich befahl Hadrian dem Erzbischof Leo von Ravenna den Schuldigen zu verhaften, wenn er auf seiner Rückreise von Desiderius sein Gebiet berühre. Der Anschlag gelang, und Afiarta wurde auf Befehl des Erzbischofs, der ihm persönlich grollte, hingerichtet, obwohl der Papst nur dessen Überführung nach Rom verlangt hatte. Inzwischen ließ sich Desiderius in der Eroberung des Exarchats nicht stören, ja er überschritt schon den Apennin und trat den Marsch auf Rom an. Da schickte Hadrian seinen Vertrauten Petrus über das Meer nach Marseille und beauftragte ihn, sich von dort an den Hof König Karls zu begeben, damit dieser, wie einst sein Vater Pippin, zu Hilfe eile und den Langobarden ihren Raub entreiße. Die römische Gesandtschaft traf den König zu Diedenhofen, wo er damals den Winter zubrachte; sie kam aber nicht allein, auch Desiderius hatte dorthin Gesandte geschickt, um die Einmischung des Frankenkönigs zu verhindern.

Die Verhältnisse im fränkischen Reich waren damals für einen Krieg in Italien nicht günstig. Da Karl erst vor kurzem die Eroberung des Sachsenlandes begonnen hatte, musste ihm viel daran liegen, die in Italien ausgebrochenen Streitigkeiten in Güte beizulegen. Doch war es nicht zweifelhaft, auf wessen Seite er sich stellen musste; nicht allein die Tradition seines Hauses und seine Pflicht als Schirmherr der Kirche wiesen ihm seinen Platz an der Seite des Papstes an, auch das eigene Interesse nötigte ihn dazu, da sein Thron in Gefahr war. Desiderius ging nämlich mit dem Plan um, Karlmanns Söhne vom Papst zu Königen der Franken krönen zu lassen, und sie samt ihrer Mutter begleiteten ihn auf dem Zug, den er 773 gegen Rom unternahm. Doch ohne Prüfung der Sachlage wollte sich Karl nicht in einen neuen Krieg stürzen. Er schickte Gesandte nach Rom und zu Desiderius und machte nach ihrer Rückkehr noch einen Vorschlag zum Frieden. Er verlangte, dass Desiderius die dem Papst entrissenen Gebiete ausliefere, und versprach eine Entschädigung von 14000 Goldschillingen (ca. 140000 Mk.) sicherlich nur, weil er um jeden Preis einen Krieg mit den Langobarden vermeiden wollte. Mittlerweile war Desiderius bis vor Viterbo gerückt, dann aber umgekehrt, weil er, wie man in Rom glaubte, die Strafe des Bannes fürchtete. Jedoch Karls Anerbieten wies er zurück und nötigte diesen nunmehr zum Krieg. Auf einer Reichsversammlung in Genf wurde der Feldzug verabredet, und in zwei Heersäulen erfolgte der Marsch über die Alpen.

Seinen Oheim Bernhard schickte Karl mit einem Heer über den großen Bernhard, er selbst wählte den Mont Cenis zum Übergang in das Potal. Desiderius hatte den Engpass, durch den die Dora Riparia dem Gebirge entströmt, stark besetzt und soll noch hier Karls Friedensvorschläge zurückgewiesen haben. Doch dieser ließ durch eine Abteilung seiner Franken den Feind umgehen und nötigte ihn zum Rückzug, ohne dass es zu einer Schlacht gekommen wäre. Wahrscheinlich war dieser Erfolg ein Werk des Verrats, doch erzählt erst eine spätere Chronik die anmutige Sage, dass ein Spielmann den fränkischen König über einen Bergsteig, der fortan der Frankenweg geheißen habe, in die Ebene von Giaveno führte und dafür mit der Herrschaft über alles Land, soweit der Schall seines Horns reichte, belehnt worden sei. Desiderius eilte mit seinem Heer nach Pavia, sein Sohn Adelchis warf sich in die feste Stadt Verona, wohin auch Karlmanns Witwe mit ihren Söhnen ihm folgte. Pavia, die befestigte Hauptstadt des Langobardenreiches, die am linken Ufer des Ticino, unweit dessen Mündung in den Po, gelegen ist, widerstand allen Angriffen des Heeres, welches Karl noch im Oktober vor ihre Mauern führte. Als sich die Einnahme verzögerte, rückte Karl mit einem Teil seiner Truppen vor Verona und erzwang die Herausgabe von Karlmanns Witwe und Söhnen, doch ist es wenig wahrscheinlich, dass damals schon die Stadt in seine Hände fiel. Hier endet die letzte Spur von Karlmanns Erben und nur die

Legende erzählt, dass einer von ihnen als Bischof von Nizza sein Leben beschlossen habe.

Im Frühjahr 774 begab sich Karl nach Rom und verlebte hier das Osterfest. Der Zweck dieser Reise betraf die Ordnung der Verhältnisse der römischen Kirche, deren wir in anderem Zusammenhang gedenken werden. Noch im April kehrte der König wieder vor Pavia zurück und setzte die Belagerung fort. Inzwischen hatte der Abfall die Reihen der Anhänger des Desiderius gelichtet. Schon vor Karls Erscheinen in Italien waren die Bewohner des Herzogtums Spoleto, welches die Landschaften auf dem mittleren Apennin von Camerino bis über den Fuciner See hinaus umfasste, mit dem Papst in Verbindung getreten. Jetzt fiel das ganze Herzogtum und die Küstenstriche am Adriatischen Meer mit Ancona, Osimo und Fermo von Desiderius ab und erkannte den Papst als Herrn an. Dieser setzte einen edlen Spoletaner Hildeprand, der von seinen Landesgenossen erhoben war, als Herzog in Spoleto ein. Auch die Zahl der Verteidiger Pavias minderte sich durch tödliche Krankheiten, und die Stadt ergab sich im Juni, ohne dass es eines Sturmes bedurft hätte. Damit fielen Desiderius, seine Gattin Ansa und eine Tochter in die Hände Karls, der dann seinen feierlichen Einzug hielt. Auch der königliche Schatz, der an den Königshöfen des germanischen Mittelalters immer eine große Rolle spielt, geriet in die Gewalt der Franken. Wenig Glauben verdient eine Sage, von der erst eine spätere Chronik erzählt, dass die Stadt durch den Verrat der eigenen Tochter des Desiderius Karl zugefallen sei. Danach habe die Jungfrau einen Brief an Karl geschrieben und ihm mit einer Armbrust über den Ticino in Karls Lager hinübergeschossen; sie versprach ihm darin, die Stadt und den Schatz des Vaters auszuliefern, wenn er sie zu seiner Gattin erheben wolle. Die Jungfrau, deren Liebe Karl durch schmeichlerische Worte noch mehr zu entflammen wusste, soll dann dem Vater, während er schlief, die Schlüssel der Stadt entwendet und den Franken bei Nacht ein Tor geöffnet haben. Doch als der Feind die Stadt betrat, soll sie im Gedränge, als sie frohlockend dem geliebten Herrscher entgegeneilte, von den Rossen zertreten sein. Wem fiele hier nicht die Sage von Tarpeja ein, durch deren Verrat zur Zeit des Romulus das römische Kapitol in die Gewalt der Sabiner geriet! Hier soll es der Durst nach Geld gewesen sein, der die römische Jungfrau bewog, ihre Vaterstadt zu verraten. Um wie viel edler ist das Motiv, das die langobardische Königstochter zu gleichem Vergehen veranlasste!

Mit der Übergabe von Pavia sank des Desiderius Thron in Trümmer. Karl nahm fortan den Titel König der Langobarden an, doch wird von einer förmlichen Krönung in gleichzeitigen Quellen nichts erzählt. Die eiserne Krone, welche sich später die deutschen Könige in Monza oder Mailand aufs Haupt setzten, war damals noch nicht vorhanden. Karl ließ die bisherige Verfassung bestehen und änderte auch in der Verwaltung des Landes zunächst wenig. Nach wie vor blieben an der Spitze der meisten Gaue Herzöge, und nur wenige ersetzte er durch fränkische Grafen. Nach Pavia legte er eine fränkische Besatzung. Nur das Herzogtum Benevent, das allerdings einen großen Teil von Unteritalien umfasste, erfreute sich noch mehrere Jahre hindurch völliger Unabhängigkeit. Hier gebot Herzog Arichis, der Gemahl Adalpergas, einer Tochter des Desiderius, welche dem bekannten Geschichtsschreiber ihres Volkes Paulus Diaconus nach dem Fall des Reiches eine Zuflucht an ihrem Hof gewährte.

Wohl noch im Juli ist Karl über die Alpen zurückgekehrt und mit ihm die gefangene Königsfamilie. Desiderius endete im Kloster Corbie seine Tage, sein Sohn Adelchis war nach Konstantinopel geflohen und trat von hier aus mit mehreren langobardischen Herzögen, wie Hrodgaud von Friaul, Arichis von Benevent und Hildeprand von Spoleto, in Verbindung. Papst Hadrian teilte sofort dem König diese Umtriebe mit und veranlasste ihn zu einem neuen Zug nach Italien. Karl sandte noch zu Ende des Jahres 775 den Bischof Possessor und den Abt Rabigaud nach Italien und wusste durch geschickte Unterhandlung die Herzöge von Spoleto und Benerent zu beruhigen. Ohne sich daran zu kehren, dass Spoleto erst vor kurzem dem Papst gehuldigt hatte, veranlasste Karl den Herzog Hildeprand zur Anerkennung der fränkischen Oberhoheit, und trotz aller Beschwerden konnte der Papst seinen Ansprüchen nicht Geltung verschaffen. Die Nachgiebigkeit der langobardischen Herzöge findet darin ihre Erklärung, dass im September 775 der Kaiser Konstantin V. von Byzanz gestorben war und der flüchtige Adelchis nun aus Mangel an Geld und Truppen die Landung in Italien aufgeben musste. Von den Aufständischen blieb allein der Herzog von Friaul übrig, und diesem galt der Zug, welchen Karl zu Anfang des Jahres 776 unternahm. Ohne große Schwierigkeit unterdrückte er den Aufruhr, suchte dann aber durch strenge Bestrafung der Aufständischen (der Herzog war im Kampf gefallen) einem wiederholten Abfall vorzubeugen. Viele Große verloren damals ihre Güter und mussten nach Frankreich ins Exil wandern; mit ihrem Besitz wurden angesehene Franken ausgestattet, deren Treue der König erprobt hatte. Andere wurden als Geiseln weggeführt, wie Arichis, der Bruder des Paulus Diaconus. Auch die herzogliche Gewalt in Friaul wurde beseitigt und ein Graf darüber gesetzt. Doch wurde das Ländchen, welches wegen seiner Lage an der Grenze des Avarenreiches besonders wichtig war, nach 788 zur Markgrafschaft erhoben.

Im Juni 776 kehrte Karl über die Alpen zurück, weil ihm damals der Sachsenkrieg keine Zeit ließ, sich weiter mit den Angelegenheiten Italiens zu beschäftigen. Aus diesem Grund ertrug er es auch noch jahrelang, dass Arichis von Benevent sich immer inniger an die Griechen anschloss und sich als selbstständigen Herrscher gebärdete; derselbe nahm den Titel eines Fürsten an, welcher nach seiner Meinung mehr der Unabhängigkeit entsprach, auf welche er Anspruch erhob. Auf seinen Rat begannen die Neapolitaner den Krieg, und obwohl der Papst sich 780 bemühte, dieselben zu versöhnen, nahmen sie Terracina ein, und auch seitens des Arichis stand der Krieg nahe bevor. In seiner

Not wandte sich Hadrian wieder an Karl d. Gr. und bat ihn nicht allein die verlorene Stadt, sondern auch Neapel zu erobern. Noch in demselben Jahr verließ Karl Worms, wo er damals Hof hielt, und ging über die Alpen nach Pavia. Spätere Schriftsteller haben angenommen, dass Karl damals ein ganzes System von neuen Gesetzen für Italien erlassen habe und fabeln von einer Reichsversammlung in Pavia. Allein erst allmählich hat Karl eine Reihe von Bestimmungen getroffen, welche dem damals in Italien herrschenden Notstand abhelfen sollten. Alle Rechtsgeschäfte, welche im Drang der Hungersnot zum Nachteil der einen Partei abgeschlossen waren, wurden für ungültig erklärt; wenn jemand sich, seine Gattin oder seine Kinder anderen an Knechtesstatt übergeben hatte, sollte er mit den Seinen die Freiheit wieder erlangen. Diese Verordnung hatte rückwirkende Kraft bis zum Sturz des Desiderius, galt aber nur in den Gegenden, welche unter den Einquartierungen der Franken zu leiden hatten. Es folgten dann Verordnungen über die Befugnisse des ordentlichen Grafengerichtes, über die Rechte des Lehnsherrn, über Zölle und Münzen; auch der Angelegenheiten der Kirche in Italien hat sich Karl angenommen und seinen Beamten deren Unterstützung anempfohlen.

Das Osterfest 781 verlebte Karl in Rom. Hier wurde nicht allein der jugendliche Karlmann getauft und erhielt dabei den Namen Pippin, sondern er wurde auch nebst seinem jüngeren Bruder Ludwig vom Papst zum König gesalbt. Pippin erhielt das Königreich Italien, während Ludwig Aquitanien zufiel. Da jener erst vier Jahre alt war, so sollte an seiner Statt ein Kollegium von fränkischen und langobardischen Großen die Regierung führen. Unter diesen einflussreichen Männern wird der Abt Adalhard von Corbie genannt, später auch der gelehrte Angilbert. Doch war es nicht Karls Wille, dass Italien oder Aquitanien dadurch vom fränkischen Reich getrennt wurden. Es war nur eine Form gefunden, um die berechtigten Eigentümlichkeiten der unterworfenen Völker zu schonen. Während Pippin in Pavia zurückblieb, kehrte Karl im Sommer 781 nach Deutschland zurück. Doch hat er an den Kapitularien, welche in den folgenden Jahren zum Teil in Pippins Namen erlassen wurden, sicherlich hervorragenden Anteil gehabt. Sie haben zum Zweck, die in der Kirche und dem Rechtsleben Italiens seit langem bestehenden Missbräuche abzustellen. Die Bischöfe sollen darauf sehen, dass die teilweise verfallenen Kirchen auf dem Land wiederhergestellt werden, andererseits Zucht und Sitte unter der Geistlichkeit aufrecht zu erhalten. Auf ihren Besitzungen sollen sie Vögte einsetzen. Den richterlichen Beamten wird schleunige Handhabung der Rechtspflege zur Pflicht gemacht. In einem anderen Kapitular, das wohl auch in diese Zeit gehört und jedenfalls für Italien bestimmt ist, finden sich wichtige Bestimmungen finanzieller Art; danach soll von den Friedensgeldern der König ⅔, der Graf ⅓ erhalten, doch soll letzterer diesen Anteil verlieren, wenn nicht er, sondern der königliche Sendbote den Prozess zum Austrag gebracht hat. Im Allgemeinen soll das alte langobardische Recht so lange gelten, bis es durch die fränkische Gesetzgebung abgeändert wird.

Bei seiner Anwesenheit in Italien im Jahre 781 hatte Karl die faktische Unabhängigkeit des Fürsten von Benevent nicht weiter angetastet. Erst als das Sachsenland im Wesentlichen unterworfen schien, ging er daran, auch in jenem Rest des alten Langobardenreiches die fränkische Oberhoheit zur Anerkennung zu bringen. Er zog Ende des Jahres 786 über die Alpen, verlebte das Weihnachtsfest in Florenz und traf zu Anfang 787 in Rom ein. In Anbetracht der guten Beziehungen, die damals zwischen den Franken und Byzantinern bestanden, konnte Arichis von Benevent von letzteren keine Hilfe erwarten, zumal er eben erst mit dem Herzog von Neapel, einem byzantinischen Lehnsmann, im Krieg sich befunden hatte. Deshalb entschloss er sich zur Unterwerfung. Er sandte seinen Sohn Romuald mit ansehnlichen Geschenken nach Rom und erbot sich, die Forderungen des Königs zu erfüllen, wenn dieser den Zug in sein Land aufgäbe.

Doch entschloss sich Karl auf Zureden des Papstes und der fränkischen Großen den Marsch nach Süden fortzusetzen. Der Rat des Papstes war nicht uneigennützig; er hoffte, dass bei einer Eröffnung der Feindseligkeiten, deren Ausgang nicht zweifelhaft sein konnte, für ihn etwas abfallen werde und misstraute gleich den fränkischen Großen den Versprechungen des Beneventaners. Der König brach deshalb die mit Romuald schon begonnenen Unterhandlungen ab und rückte gegen Benevent vor. Als er im März in Capua eintraf, erschien eine Gesandtschaft des Fürsten, der sich hinter die Mauern der festen Seestadt Salerno geflüchtet hatte, und knüpfte von neuem Verhandlungen über einen Frieden an. Karl zögerte nicht, die Unterwerfung des Arichis anzunehmen; dass er es so schnell tat, ist nicht auffallend, denn mehr konnte er nicht verlangen, als ihm jener bot. An dessen Entthronung konnte ihm nichts liegen, und eine Fortsetzung des Krieges hätte den Byzantinern Gelegenheit zur Einmischung gegeben. Arichis und seine Untertanen leisteten dem König den Eid der Treue und stellten Bürgschaft durch Geiseln, unter denen sich auch Grimoald, des Fürsten jüngerer Sohn, befand. Auch verpflichtete sich Arichis zur Zahlung eines jährlichen Tributs von 7000 Solidi. Der Papst sollte durch einige Städte entschädigt werden.

Auf seiner Rückkehr nach Deutschland verweilte der König kurze Zeit in Oberitalien und erließ von hier aus zwei Kapitularien, welche fast ausschließlich die kirchlichen Verhältnisse Italiens zu regeln bestimmt waren. Aus ihrem reichen Inhalt heben wir nur folgendes hervor: Unbeschadet des dem Bischof gebührenden Gehorsams sollen die Priester der einzelnen Kirchen in ihrer Stellung geschützt und von ihren Gemeinden fortan besser unterhalten werden. Die Taufkirchen sollen nur durch Priester, nicht durch Laien geleitet werden. Den Geistlichen wird die Jagd und das Possenspiel verboten, entsprechend den kanonischen Bestimmungen. Der König verspricht für Einsetzung oder Weihe der Geistlichen keine Geschenke mehr anzunehmen. Die

Geistlichen und im Allgemeinen auch die Lehnsleute der Kirche sollen nur unter der Gerichtsbarkeit des Bischofs und des von ihm bestellten Vogtes stehen, nur in Eigentumsprozessen soll der Graf als zweite Instanz gelten. Der Zehnte soll im Beisein von durch das Volk gewählten Vertretern erhoben werden. Wer sich dieser Leistung entzieht, soll nach dreimaliger Mahnung durch den Priester eine Buße von 6 Solidi zahlen und hat, wenn er bei der Weigerung beharrt, Verlust seines Hauses und Haft bis zur richterlichen Entscheidung zu gewärtigen. Diese Bestimmungen sollten im folgenden Herbst der Genehmigung der Reichsversammlung zu Pavia unterbreitet werden.

Der Tod des Fürsten Arichis im August 787 brachte die eben geordneten Verhältnisse Italiens von neuem in Verwirrung. Da auch sein ältester Sohn Romuald nicht mehr am Leben war, gebührte die Herrschaft in Benevent dem jüngeren Grimoald, der sich als Geisel im Frankenland befand. Obwohl ihn die Beneventaner zum Herrscher begehrten, zögerte Karl ihren Bitten nachzugeben, indem er wohl auf die Abneigung des Papstes gegen den jungen Fürsten Rücksicht nahm. Die Lage der Franken in Italien wurde dadurch noch schwieriger, dass die Byzantiner sich einmischten und ein Bündnis mit Arichis nur durch dessen plötzlichen Tod vereitelt war. Dagegen landete im Herbst 787 Adelchis, des Langobardenkönigs Desiderius Sohn, in Kalabrien. Noch bevor Karl davon Kunde bekam, schickte er eine Gesandtschaft nach Benevent, um die Nachfolge im Fürstentum zu regeln. Alsdann war er bestrebt, das dortige Volk von einem Anschluss an Byzanz zurückzuhalten. In diesem Sinn war auch der Papst tätig, welcher sich seinerseits eifrig bemühte, beneventanische Gebiete, vor allem Capua, zu erwerben. Erst nach der Beseitigung Tassilos von Bayern traf Karl eine Entscheidung über Benevent. Er setzte Grimoald daselbst als Fürsten ein, nachdem derselbe die fränkische Oberhoheit anerkannt und zum Zeichen davon versprochen hatte, des Königs Namen auf seine Münzen und in seine Urkunden zu setzen. Wenn Grimoald auch dem noch in demselben Jahr erfolgenden Einfall der Byzantiner, mit welchen sich Adelchis vereinigt hatte, energisch entgegentrat und an der Seite der Franken ihnen in Kalabrien eine blutige Niederlage bereitet, so hielt er doch in der Folge die ihm gestellten Bedingungen nicht, heiratete eine griechische Prinzessin und suchte sich unabhängig zu machen. Die Feldzüge, welche Karl zu wiederholten Malen gegen ihn unternehmen ließ, brachten nur zweifelhafte Erfolge, meist scheiterten sie an der Ungunst der Witterung. Es gelang nur 801, sich nach der Einnahme von Chieti im nördlichen Teil des Fürstentums festzusetzen. Auch nach dem Tod des Fürsten 806, unter seinem Nachfolger Grimoald IV, änderte sich das Verhältnis Karls zu Benevent nicht. Erst 812 brachte Adalhard, Karls Statthalter in Italien, durch persönliche Verhandlung einen Frieden zu Stande, durch welchen die fränkische Oberhoheit anerkannt und die Zahlung eines Tributs von 7000 Goldsolidi festgesetzt wurde. Im Allgemeinen machen die Kämpfe gegen Benevent den Eindruck, als ob es Karl nicht recht Ernst damit war. Hätte ihm an einer Beseitigung der einheimischen Dynastie daselbst gelegen, so wäre ihm diese trotz aller Hindernisse der weiten Entfernung und des Klimas ohne Zweifel gelungen.

Kapitel V.

Kriege gegen Aquitanien und gegen die Araber

Schon oben erwähnten wir, dass das große Reich Aquitanien im Süden der Loire zunächst Gemeingut beider Söhne Pippins geworden war. Unmittelbar nach seinem Regierungsantritt (769) hatte Karl hier einen Aufstand zu unterdrücken, welcher von Hunald, wohl dem Vater des jüngst ermordeten Herzogs Waifar, unternommen wurde. Sofort rückte Karl ins Land und wurde bald des Aufruhrs Herr. Nur zögernd war Karlmann nach Aquitanien aufgebrochen, aber nach einer Unterredung mit seinem Bruder sofort wieder umgekehrt. Doch reichten Karls Streitkräfte aus, um den Feind zu vertreiben. Hunald floh zum Herzog Lapus von Waskonien. Obwohl dieser bis dahin noch unabhängig war, leistete er dem Gebot Karls, den Flüchtling auszuliefern, Folge, weil er einen Krieg mit dem mächtigen Frankenkönig vermeiden wollte. Hunald wurde gefangen gesetzt, sein späteres Schicksal ist dunkel. Die Waskonen aber erkannten gleich den Aquitaniern die Herrschaft der Franken an.

Doch nicht lange sollte der Gebirgswall der Pyrenäen die Südgrenze des fränkischen Reiches bilden. Während Karl im fernen Sachsenland zu Paderborn 777 die kirchlichen Angelegenheiten des eben unterworfenen Volkes ordnete, erschien eine arabische Gesandtschaft und versprach Karls Oberhoheit anzuerkennen, wenn er gegen die Ommijaden in Spanien Hilfe leiste. Bekanntlich hatte der letzte Spross dieser im Orient gestürzten Dynastie Abderrhaman das Kalifat Cordoba begründet, hatte aber noch lange mit den Anhängern der Abbassiden zu kämpfen. Der Mächtigste von ihnen, Yussuf, fiel. Seine Verwandten traten nun mit Suleiman Ibn Jakthan al-Arabi al-Kelbi, dem Statthalter von Barcelona und Gerona, in Verbindung, und sie waren es, welche an Karls Hof in Paderborn erschienen. Wohl noch an diesem Ort wurde dann der Feldzug nach Spanien beschlossen.

Man hat geglaubt, dass Karls vornehmster Beweggrund zum Krieg gegen die Araber der Wunsch gewesen ist, die Lage der in Spanien lebenden Christen zu bessern, und einzelne Quellen erwähnen dieses Motiv ausdrücklich. Doch erweist sich diese Angabe bei näherer Betrachtung als wenig glaubwürdig, denn einmal bewiesen die Araber in Spanien gegen die unterworfene Bevölkerung eine bewundernswerte Toleranz, sodann ist Karl nicht allein gegen die Araber, sondern auch gegen Navarra, das eine Provinz des christlichen Königreichs Asturien war, feindselig aufgetreten. Auch hat er später keine wesentlichen Bestimmungen zu Gunsten der spanischen Christen getroffen. Demnach ist es ihm damals ausschließlich darauf angekommen, seine Herrschaft über die Pyrenäen hin auszudehnen, weil er nur so der immer zur Empörung geneigten Basken Herr werden konnte.

Die Heerfahrt selbst wurde im April 778 von Chasseneuil am Clain, einem Flecken im heutigen Dep. Vienne, unternommen. Hierin hatte der König das Aufgebot aus Burgund, der Provence und Septimanien, ferner aus Austrasien, Bayern und sogar aus Italien berufen; auch die anderen Landesteile müssen Truppen gestellt haben, da die eben angeführten nur eins der beiden Heere, welche Karl nach Spanien führte, bildeten. Über den Weg, welchen die fränkischen Heere einschlugen, sind wir nur ungenau unterrichtet, doch soviel lässt sich erkennen, dass das eine Heer im Osten auf Saragossa, das andere im Westen auf Pamplona seinen Marsch richtete. Das letztere, welches Karl persönlich befehligte, scheint auch auf dem Hinweg durch das Tal von Roncesvalles gezogen zu sein. Einer der Biographen Ludwigs des Frommen stellt den Übergang über die Pyrenäen denen des Pompejus und Hannibal an die Seite. Er fügt hinzu: „Dies Gebirge, das mit seinen Gipfeln fast zum Himmel reicht, von spitzigen Felsen starrt, düster ist von schattigen Wäldern, durch die Enge der Straße oder vielmehr des Steiges nicht allein ein großes Heer, sondern selbst wenige fast ganz von Zufuhr abschneidet, wurde dennoch unter Gottes Beistand in glücklichem Zug überschritten." So gelangte Karl vor Pamplona, das an der Arga, einem zum Stromgebiet des Ebro gehörigen Flüsschen, gelegen, damals ohne Zweifel zum christlichen Königreich Asturien gehörte. Es ist nicht recht klar, wie Silo, der König von Asturien, in die Reihen der Gegner Karls gekommen ist, ob er, wie manche meinen, von dem Emir von Cordoba abhängig war oder sich erst mit ihm verbündet hat, um einem Vordringen der Franken, welchen einst die gotischen Besitzungen im Norden der Pyrenäen zum Opfer gefallen waren, wirksam entgegenzutreten. Doch der Widerstand war erfolglos, nach kurzer Belagerung wurde Pamplona erobert. Hier erschien Abu Taher, ein Fürst der Araber, im fränkischen Lager und leistete dem König für sein Gebiet, das in der heutigen Provinz Huesca gelegen zu haben scheint, den Eid der Treue. Darauf zog Karl südwärts dem Ebro zu, überschritt denselben in einer Furt und wandte sich gegen Saragossa, vor dessen Mauern das zweite fränkische Heer, das im Osten die Pyrenäen überschritten hatte, zu ihm stieß. Obgleich nun auch Suleiman al Arabi, auf dessen Antrieb der Feldzug unternommen war, und andere Große zu Karl übertraten, so gelang es ihm doch nicht, die feste Stadt einzunehmen. Jetzt erkannte Karl, dass der Feldzug gescheitert sei, und maß die Schuld Suleiman bei, welcher ihm von der Stimmung der arabischen Bevölkerung falsche Vorstellungen beigebracht hatte. Derselbe hatte sich auch noch, bevor Karl die Pyrenäen überschritten hatte, insofern zweideutig benommen, als er einem Parteigänger der Abbassiden, der von Afrika aus in Murcia gelandet war, keine Unterstützung gewährte, ihn vielmehr zurückschlug, worauf die völlige Unterdrückung des Aufstandes dem Emir von Cordoba sehr leicht wurde. König Karl nahm Suleiman gefangen und trat den Rückweg über Pamplona an. Ihm war es nicht gelungen, in Spanien festen Fuß zu fassen, und wenn er die Befestigungswerke von Pamplona zerstörte, so ist dies eben ein Beweis dafür, dass er es nicht einmal für ratsam hielt, in diesem Ort, der seinem Reich am nächsten lag, sich dauernd festzusetzen.

Als das fränkische Heer durch die engen Schluchten des Gebirges zog, stieß es auf einen Hinterhalt, welchen die Basken, jedenfalls Untertanen des Königs von Asturien, gelegt hatten. Einhard, welcher in den Jahrbüchern nur kurz über diesen Rückzug berichtet, schildert ihn in seiner Lebensbeschreibung Karls genauer: „Als das Heer in langem Zug, wie es die Enge des Ortes erforderte, einher marschierte, so machten die Waskonen, die auf der Höhe des Berges sich in Hinterhalt gelegt hatten – denn die Örtlichkeit ist durch die vielen dicken Wälder der dortigen Gegend sehr zu Hinterhalten geeignet – einen Angriff auf einen Teil des Gepäcks und den ganzen Nachtrab, warfen ihn ins Tal hinab und machten in dem Kampf, der nun folgte, alles bis auf den letzten Mann nieder, das Gepäck raubten sie und zerstreuten sich dann unter dem Schutz der einbrechenden Nacht in höchster Eile nach allen Seiten. Den Waskonen kam bei diesem Strauß die Leichtigkeit ihrer Waffen und die Lage des Kampfplatzes zu Statten, die Franken dagegen waren durch das Gewicht ihrer Waffen und die ungünstige Örtlichkeit in allem gegen die Waskonen im Nachteil. In diesem Kampf fielen Eggihard, des Königs Truchsess, Anselm, der Pfalzgraf, und Hruodland, der Befehlshaber im brittanschen Grenzbezirk, nebst vielen anderen."

Die Geschichte weiß leider nichts Näheres über den Kampf, in welchem Hruodland oder, wie er sonst heißt, Roland, den Heldentod fand. Wir werden weiter unten sehen, wie die Sage dies Ereignis ausgeschmückt hat. Aus der Grabschrift des Seneschall Eggihard, die noch erhalten ist, erfahren wir, dass der Überfall am 15. Aug. stattgefunden hat. Der Ort ist unbekannt, erst die Sage verlegt jenes Gefecht nach Roncesvalles.

In der Heimat erfuhr Karl, dass die Sachsen sich in der Zwischenzeit von neuem empört hatten, und auch in den folgenden

Jahren gewann er nicht Zeit, den spanischen Feldzug zu erneuern. Der Emir Abderrhaman wurde gar bald aller seiner Feinde Herr und trug sich mit dem Gedanken, die Herrschaft der Abbassiden im Orient zu stürzen. Dazu ist er freilich nicht gekommen, denn Suleiman, dem Karl bald die Freiheit geschenkt hat, bemächtigte sich der Herrschaft in Saragossa, und so sah sich Abderrhaman genötigt, ihn in dieser Stadt zu belagern, was ihn zwei volle Jahre aufhielt. Suleiman fand allerdings hierbei seinen Tod, doch hatte der Emir auch weiter mit Empörungen der Großen zu tun, und für Karl bedurfte es keines neuen Feldzuges, um jenseits der Pyrenäen Boden zu gewinnen. Im Jahre 785 unterwarf sich ihm die Stadt Gerona, welche unweit des Ter gelegen, den Pass über den Ostfuß der Pyrenäen beherrscht. Manche verlegen schon in dieses Jahr die Begründung der spanischen Mark, doch mit Unrecht, denn das Grenzgebiet wurde damals noch dem Königreich Aquitanien unmittelbar unterstellt. Erst Ludwig der Fromme hat 795 als König von Aquitanien im Gebiet südlich der Pyrenäen einen besonderen Grafen eingesetzt. Damals wurde die alte Römerstadt Vich und mehrere Ortschaften am Ter befestigt.

Auch in der Folgezeit war das Verhältnis Karls zu den Arabern in Spanien kein freundschaftliches, doch ließen ihm seine ausgedehnten Unternehmungen im Osten keine Zeit, einen Kriegszug in größerem Maßstab nach Spanien zu unternehmen. Wenn ums Jahr 796 der Dichter Theodulf singt, dass gleich den Avaren auch die Araber vor Karls Thron in Aachen erscheinen und die Knie beugen möchten und das reiche Cordoba seine in der Zeiten Fülle gesammelten Schätze ihm zu Füßen legen möge, so blieb das eben ein frommer Wunsch. Wiederholt hören wir von Einfällen der Franken in das Ebroland, aber von Bedeutung sind nur wenige gewesen. Wertvoller war die freiwillige Unterwerfung des Statthalters Zeid von Barcelona (797), die sich jedoch als trügerisch erwies, als des Kaisers Sohn Ludwig um 800 mit einem Heer vor Barcelonas Mauern erschien. Damals konnte Ludwig nicht daran denken, eine regelrechte Belagerung der Stadt zu eröffnen; er begnügte sich damit, die westlich gelegenen Orte wie Lerida und die Umgebung von Huesca zu verwüsten. Zwar scheint noch in demselben Jahr die Belagerung von Barcelona begonnen zu sein, doch erst 801, als drei fränkische Heere die Pyrenäen überschritten, gelang die Einnahme der Stadt, welche der Emir von Cordoba vergebens zu entsetzen versuchte. Schon vorher war der treulose Statthalter gefangen und ins Frankenreich geschickt worden. Diesen Erfolg dankte man teilweise auch der freundlichen Haltung des Königs Alonso II. von Asturien, der seit einigen Jahren ein Bundesgenosse der Franken geworden war. Die Einnahme von Barcelona war deshalb wichtig, weil diese an der Küste gelegene Stadt den Seeräubern, welche die Küsten des fränkischen Reiches bedrohten, einen sicheren Zufluchtsort geboten hatte.

Erst im Jahr 809 hat Ludwig einen neuen Feldzug nach Spanien unternommen. Er rückte, wie uns sein Biograph erzählt, bei Barcelona vorbei nach Tarragona und verwüstete das Küstenland bis Tortosa, das unweit des Ebro gelegen ist. Schon auf dem Weg nach Tarragona hatte er eine Abteilung unter Isembard nach Westen geschickt, welche in aller Stille ihren Marsch bewerkstelligte, den Cinca und Ebro überschritt und endlich vor Tortosa erschien, nachdem sie die Landschaften weit und breit verwüstet hatte und den Nachstellungen der Mauren, welche ihr in einer Schlucht auflauerten, mit kluger Vorsicht entgangen war. Allerdings gelang die Einnahme von Tortosa nicht und in den folgenden Jahren mussten neue Züge dorthin unternommen werden. Die Expedition des Jahres 810, an welcher Ludwig nicht persönlich teilnahm, wurde mit größter Heimlichkeit betrieben. Die Franken fertigten Boote an, deren jedes in vier Teile zerlegt werden konnte, und die so von Pferden oder Maultieren über Land geschleppt werden konnten. Alsdann rückte man heimlich gegen Tortosa vor, fügte die Boote zusammen, indem man die Fugen durch Pech, Wachs und Werg verstopfte, und setzte über den Ebro. Doch da die Reiterei den Fluss durchschwommen hatte und die Araber Spuren von Pferden bemerkten, so gelang es nicht, das Geheimnis völlig zu wahren. Allerdings siegten die Franken über Abaidun, den Herzog von Tortosa, der ihnen mit einem großen Heer entgegenrückte, aber die Stadt selbst konnten sie nicht einnehmen. Erst als Ludwig 811 die Belagerung von neuem eröffnete und die Befestigungen durch Mauerböcke und Steinschleudern vernichtete, ergab sich die Stadt. Diese letzte Unternehmung gegen Tortosa ist insofern auffallend, als im Jahr vorher der Kaiser mit dem Emir von Cordoba, El Hakem, Frieden geschlossen hatte. Doch muss man bedenken, dass dies eigentlich nur ein Waffenstillstand war, der auf Zeit abgeschlossen wurde und immer wieder erneuert werden musste, und dass andererseits die Kämpfe mit den Seeräubern, welche von Spanien aus die Inseln und Küsten der Mittelmeerländer verwüsteten, nicht aufhörten. Das Resultat der geschilderten Kämpfe ist jedoch gewesen, dass die fränkischen Grenzen bis zum Ebro ausgedehnt wurden und die spanische Mark einen solchen Umfang erhielt, dass ihre Verwaltung und Beschirmung mehreren Grafen übertragen werden musste. Als Oberster derselben erscheint später unter Ludwig dem Frommen der Graf von Barcelona.

Kapitel VI.

Der sächsische Krieg

Kaum hatte Karl d. Gr. nach dem Tod seines Bruders das fränkische Reich vereinigt, so ging er an die Durchführung einer Aufgabe, welche sich bald als so schwierig erwies, dass er derselben sein ganzes Leben hat widmen müssen. Unter den Merowingern ist die Nordostgrenze des Frankenreichs niemals eine feste gewesen, je nach der Persönlichkeit des jeweiligen Königs war sie mehr oder weniger weit nach Osten gerückt. Schon im sechsten Jahrhundert wurden die Thüringer im heutigen Hessen und dem Maingebiet und die Bayern unterworfen, und nachdem beide Völker im siebten Jahrhundert sich wieder unabhängig gemacht, waren sie gleich den Friesen von Karl Martell und seinem Sohn zur Anerkennung der fränkischen Hoheit gebracht.

Auch die Sachsen sind mit den Franken schon früh in Berührung gekommen; sie sollen für ihre Unterstützung bei der Zerstörung des Thüringerreiches das so genannte Nordthüringen (zwischen Unstrut und Elbe) erhalten haben. Auf diese Gegenden darf man wohl den Tribut von 500 Kühen beziehen, welchen Chlotar I. den Sachsen auferlegt haben soll. Derselbe wurde ihnen im siebten Jahrhundert durch König Dagobert I. erlassen, und länger als anderen deutschen Stämmen blieb ihnen die Freiheit, obwohl es im achten Jahrhundert an Grenzkriegen mit den Franken nicht fehlte. Besonders benutzten die Sachsen die Gelegenheit, wenn die Bayern oder Alemannen sich empörten, um die Macht der Franken zu schwächen. Die drangen entweder westwärts bis zum Rhein oder südwärts nach Thüringen vor, verheerten die Ansiedlungen und zerstörten die Kirchen, und selbst der mutige Bonifaz hat gar oft hinter den Mauern einer Stadt Schutz gesucht. Pippins Bruder Karlmann hat 745 einen erfolgreichen Zug nach dem östlichen Teil Sachsens unternommen und die Einwohner genötigt, ihm den Eid der Treue zu leisten und sich taufen zu lassen, ja Pippin selbst hat 753 und 757 die Sachsen überwunden und zu einem jährlichen Ehrengeschenk von 300 Pferden gezwungen, aber von einer Unterwerfung auch nur der Grenzstriche des Sachsenlandes war man doch weit entfernt. Ebenso wenig durfte man erwarten, dass die Sachsen ihr Versprechen, christliche Priester in ihrem Land bei der Missionstätigkeit nicht zu behindern, erfüllen würden.

Die bedeutende Rolle, welche die Sachsen in Karls Geschichte spielen, veranlasst uns, auf ihre Verhältnisse etwas näher einzugehen. Ihre Wohnsitze dehnten sich von der Eider bis zur Vereinigung von Werra und Fulda, von der Elbe und Saale bis in die Nähe des Rheins aus; sie bewohnten demnach etwa die Provinzen Westfalen, Hannover mit Oldenburg und teilweise Sachsen mit Schleswig-Holstein. Die Zustände, welche wir bei ihnen finden, unterscheiden sich äußerst wenig von denen, welche Tacitus viele Jahrhunderte vorher in seiner Germania schildert. Die Sachsen selbst sind ein Gesamtname für mehrere Völkerschaften, welche einst dem ingävonischen Stamm angehörten, doch haben sie auch Gebiete in Besitz genommen, welche ursprünglich von Sueven bewohnt waren. Sie teilten sich in die Stämme der Westfalen, Engern und Ostfalen und, auf dem rechten Ufer der Niederelbe, den der sog. Nordleute oder Nordalbinger. Von diesen wohnten die Engern an der Weser, die West- und Ostfalen zu beiden Seiten dieses Flusses, doch haben diese Namen nicht bloß geographischen Ursprung, sondern es bestanden auch bei den einzelnen Stämmen Verschiedenheiten in Recht und Sitte.

Von größter Bedeutung für den Charakter des Sachsenkrieges war, dass es bei den Sachsen kein Königtum mehr gab, wie es in ältester Zeit bei den einzelnen sächsischen Völkern bestanden zu haben scheint. Von den drei Ständen, welche sich aus der germanischen Urzeit bei den Sachsen erhalten hatten, den Ethelingen, Frilingen und Lazen, oder modern ausgedrückt dem Adel, den Freien und Hörigen, hatte der erstgenannte eine bedeutend höhere Macht gewonnen, andererseits war die Stellung der Hörigen eine bessere geworden. Das Land zerfiel in eine große Anzahl von Gauen, an deren Spitze selbst gewählte Fürsten standen. Um bei dieser Zerrissenheit die öffentliche Autorität besser aufrecht zu erhalten, waren die Bestimmungen des Strafrechts strenger, besonders Lebensstrafen häufiger, als andere Völker für nötig gefunden haben. Für den Fall des Krieges wurde aus der Zahl der Fürsten ein gemeinsamer Heerführer oder Herzog durch das Los erkoren; doch treten in den Kriegen gegen Karl mehrere Herzöge nebeneinander auf. Wenn die Sachsen wegen ihrer mangelnden Einheit den unter dem mächtigen Zepter Karls geeinigten Franken an sich nicht gewachsen waren, so wurde dies Missverhältnis durch ihre militärische Organisation einigermaßen ausgeglichen. Wir finden hier nämlich noch im späteren Mittelalter die Einrichtung bestehen, dass die kriegerische Rüstung des Adeligen und Freien, das sog. Hergewäte, ungeteilt auf den ältesten Sohn forterbte. So gab es im Fall eines Krieges eine Kerntruppe, an welche sich das allgemeine Landesaufgebot anlehnen konnte. Die Offiziere dieser Armee stellte der Adel, dessen Ansehen auch dadurch gewann, dass aus ihm die Fürsten genommen wurden. Außerdem hat sich das altgermanische Gefolgswesen hier erhalten, wonach nämlich die streitbare Jugend sich einem kühnen Führer anschließt, dem sie in fester Treue anhängt. Auch dadurch wurde das Ansehen des Adels noch vermehrt, dass es keinen Priesterstand bei den Sachsen gab. Trotzdem beharrte das Volk mit seltener Festigkeit im Heidentum und leistet um so hartnäckiger einem Eroberer Widerstand, wenn er, wie Karl d. Gr., auch die Volksreligion zu verdrängen bemüht war. Das zähe Festhalten an den bestehenden Sitten und Bräuchen ist besonders für diesen Stamm charakteristisch und erschwerte den Franken lange die völlige Unterwerfung. Einhard betrachtet als Quelle der häufigen Empörungen die Treulosigkeit der Sachsen, während die Ursache davon eher darin liegt, dass immer nur die Unterwerfung einzelner Gaue erreicht wurde, während die übrigen den Krieg weiter fortsetzen und die Befestigungen und kirchlichen Einrichtungen, welche Karl in den unterworfenen Teilen vorgenommen hatte, zu zerstören beflissen waren. Schließlich triumphierte die Energie Karls, welche mit dem Widerstand der Sachsen selbst wuchs, und wenn diese bei den Dänen Hilfe fanden, so kam Karl die Feindschaft der benachbarten Slawen, welche früher viel von der Kriegslust der Sachsen hatten leiden müssen, zu gute. Man könnte sich wundern, dass einst die Römer, wenn auch nur vorübergehend, so doch in weit kürzerer Zeit den Widerstand der in jenen Gegenden wohnenden, aber den Sachsen stammverwandten Germanen gebrochen haben, allein sie drangen zugleich von der See aus in das feindliche Gebiet ein. Karl dagegen konnte nur immer vom Rhein oder Main aus seine Truppen nach Sachsen führen, da zu einer fränkischen Flotte noch nicht einmal der Anfang gemacht war. Außerdem war die römische Kriegsverfassung mit ihrer festen Organisation der Legionen der fränkischen weitaus überlegen.

Bisher war es das Bestreben der Franken gewesen, Thüringen und die Rheingegenden gegen Einfälle jenes räuberischen Volkes zu schützen, Karl jedoch hegte von vornherein die Absicht dasselbe zu unterwerfen, weil er dann erst alle deutschen Stämme in seinem Reich vereinigt hatte. Es war sicherlich nicht Herrschsucht, sondern ein nationales Interesse, das ihn dabei leitete. Ihm kam es darauf an, die Zahl der deutschen Elemente in seinem Reich zu mehren, wie er denn stets sich als Deutscher gefühlt hat. Die Unterwerfung konnte nur eine dauernde werden, wenn es ihm zugleich gelang, das Heidentum daselbst auszurotten. Deshalb ging bei ihm Eroberung und Bekehrung Hand in Hand. Den Sachsen andererseits war die Errichtung christlicher Kirchen in ihrem Land auch deshalb zuwider, weil sie Ländereien und Zehnten zur Ausstattung und Erhaltung derselben und ihrer Geistlichen hergeben mussten.

Im Frühjahr 772 auf der allgemeinen Reichsversammlung zu Worms wurde der sächsische Krieg beschlossen. Der erste Stoß war gegen die Engern gerichtet, weil man hoffen durfte, sich nach deren Unterwerfung inmitten des Sachsenlandes festsetzen zu können. Karl drang noch im Juli in ihr Gebiet ein und eroberte die Eresburg an der Diemel, eine Feste, welche an der Stelle des heutigen Städtchens Marsberg (im Regierungsbezirk Arnsberg) gelegen war. Von dort zog Karl nordwärts und gelangte in einen heiligen Hain, in dessen Mitte die Irminsäule, ein gewaltiger Baumstamm, stand, welcher nach dem Glauben des Volkes das Weltall tragen sollte. Der König vernichtete dieselbe und führte die Schätze von Gold und Silber, welche in der Nähe aufbewahrt wurden, mit sich fort. Man hat diesen Platz in der Nähe von Altenbeken zu suchen. Es ist zweifelhaft, ob Karl absichtlich seinen Marsch hierher gelenkt hat, um dem Heidentum sogleich eine empfindliche Wunde beizubringen. Wenn man dann weiter liest, dass wegen der anhaltenden Dürre im fränkischen Heer Mangel an Trinkwasser eintrat, der durch ein Wunder befestigt wurde, indem eines Mittags aus einem benachbarten Berg eine solche Wassermasse hervorbrach und das Bett eines Waldstromes erfüllte, dass alle Not schwand, so ist man versucht zu glauben, dass unsere Quelle, Einhard nämlich, hervorheben will, dass unmittelbar, nachdem das Sinnbild des Heidentums umgestürzt war, der Gott der Christen seine Macht und Hilfe in so wunderbarer Weise betätigt habe. Doch würde man mit dieser Annahme dem Biographen Karls Unrecht tun; derselbe erzählt in schlichter Weise beide Ereignisse nur nach einander und bringt sie nicht in inneren Zusammenhang. Noch geringere Berechtigung hat die Auffassung, dass hier ein germanischer Mythos auf Karls Person übertragen sei. Mehrere Jahrhunderte später finden wir nämlich in einem Werk, das mit Vorliebe aus der Sage schöpft, einen Mythos, wonach der Gott

Baldr Wasser aus einem Felsen hervorspringen ließ, um sein Heer, das nach den Anstrengungen einer siegreichen Schlacht von großem Durst geplagt wurde, zu erfrischen. Wäre das Wunder den heidnischen Sachsen zu gute gekommen, so könnte man eher einen heidnischen Mythos darin vermuten, mir ist es aber unbegreiflich, wie derselbe wenige Jahrzehnte später bei einem christlichen Schriftsteller der Gegenpartei auftreten sollte. Jedenfalls ist man berechtigt, in dem Bullerborn, einer Quelle unweit Lippspringe, welche wegen ihren zuweilen versiegenden und dann wieder mit Gewalt hervorströmenden Wassers bekannt ist, die natürliche Ursache jenes Wunders zu vermuten.

Der König zog alsdann bis an die Weser, aber zu einem Kampf mit den Engern ist es nicht gekommen, vielmehr unterwarfen sich diese ohne Schwertstreich. Nachdem sie zwölf Geiseln gestellt hatten, kehrte Karl in die Heimat zurück, wo er schon im Oktober eintraf. Im folgenden Jahr benutzten die Sachsen die Abwesenheit des Königs, den damals wichtige Angelegenheiten nach Italien riefen, zu einem Einfall in Hessen, nachdem sie die Befestigungen, welche Karl an der Stelle der früheren Eresburg angelegt, zerstört hatten. Sie kamen bis Bierberg an der Eder, einem Ort, der heute nicht mehr vorhanden ist. Die erschreckten Grenzleute suchten Schutz hinter den Mauern einer Burg, worauf die Sachsen sich damit begnügten, die offenen Ansiedlungen niederzubrennen. Auch die Kirche zu Fritzlar an der Eder, die noch von Bonifatius erbaut war, gedachten sie anzuzünden, wurden aber, wie erzählt wird, durch ein Wunder daran gehindert. Es sollen nämlich zwei Jünglinge in weißen Kleidern erschienen sein und solchen Schrecken unter den Sachsen verbreitet haben, dass diese sich zur Flucht wandten; den Frevler, welcher sich angeschickt hatte, den Brand in das Heiligtum zu schleudern, habe man nachher neben der Kirche tot vorgefunden. Später ist diese Wundergeschichte noch mehr ausgesponnen worden; da wird von einer strahlenden Engelsgestalt gesprochen, welche die Kirche beschützt habe. Als die Sachsen dann doch wiederkehrten, hätten sie die Kirche aufgebrochen und mehrere Reliquien geraubt, aber das Gotteshaus nicht anzuzünden vermocht. Doch Wunder über Wunder, unbeschädigt seien die Reliquien später in Geismar wieder aufgefunden worden. Was gläubige Zeitgenossen dem unmittelbaren Eingreifen der Vorsehung zuschrieben, werden wir leider auf natürlichem Weg erklären müssen. Jedenfalls haben die Sachsen Kunde von dem Herannahen fränkischer Heere erhalten und sich bei Zeiten davon gemacht.

Karl war im Juli 774 aus Italien zurückgekehrt und entsandte von Ingelheim aus, wo er im September Hof hielt, vier Heerscharen nach Sachsen. Drei davon ereilten den Feind auf dem Rückzug und errangen Sieg und Beute. Weiter in das feindliche Land einzudringen, hinderte die späte Jahreszeit. Für das folgende Jahr jedoch bereitete der König einen neuen, gewaltigeren Zug gegen die Sachsen vor. Er berief im Januar einen außerordentlichen Reichstag nach Quiersy und stellte hier mit den versammelten Großen einen so umfassenden Kriegsplan auf, dass die Rüstungen erst im August beendet waren. Von Düren, wo er die Reichsversammlung abgehalten hatte, brach der König mit einem großen Heer auf, überschritt den Rhein und wandte sich unmittelbar gegen die Westfalen. Er griff ihre Feste Sigiburg, welche nahe bei dem Einfluss der Lenne in die Ruhr und zwischen beiden Flüssen gelegen war, an und eroberte sie beim ersten Angriff. Alsdann rückte er bis zur Diemel, stellte die Eresburg wieder her und ließ darin eine Besatzung zurück. Er drang darauf weiter im Gebiet der Engern vor bis zur Weser, wo er bei Brunisberg, in der Nähe von Höxter, die Hauptmacht der Engern versammelt fand.

Ohne Mühe schlug er den Feind in die Flucht, setzte dann über den Fluss und rückte ins Gebiet der Ostfalen ein, nachdem er einen Teil seines Heeres an der Weser zurückgelassen hatte. Immer weiter ostwärts drang er bis zur Oker vor, ohne Widerstand zu finden. Hier ergab sich der Feldherr der Ostfalen Hessi und stellte Geiseln. Bei seiner Heimkehr unterwarfen sich Karl die Engern, sobald er inmitten ihres Landes, im heutigen Bückeburgischen, erschien, und leisteten gleichfalls den Eid der Treue. Inzwischen war die Heeresabteilung, die der König zurückgelassen hatte, die Weser abwärts gezogen und hatte bei Lübbecke im Westen von Minden ein Lager aufgeschlagen. Hier war sie von den Westfalen überfallen worden, welche, geschützt durch das Dunkel des Abends, zugleich mit den vom Futterholen heimkehrenden Franken in das Lager eindrangen. Obwohl ein großer Teil des Heeres niedergemacht war, gelang es dem Rest, sich im Lager zu behaupten, und die Westfalen mussten ihm schließlich freien Abzug gewähren.

Sobald Karl von dieser Niederlage erfuhr, eilte er herbei, griff, ohne den eben erst mit den Westfalen geschlossenen Vertrag zu beachten, den Feind nochmals an und schlug ihn so entscheidend, dass auch dieser sächsische Stamm sich unterwarf und Geiseln stellte. Mit Beute beladen kehrte der König im Herbst über den Rhein zurück, doch die Unterwerfung der Sachsen war nur eine scheinbare. Während der König im Frühjahr 776 nach Italien zog, fielen die Sachsen über die Eresburg her und vermochten die fränkische Besatzung, den festen Platz zu räumen, dagegen hielt sich die Sigiburg, gegen welche sich der Feind jetzt wandte, ja die Besatzung benutzte die Sorglosigkeit der Belagerer, machte einen Ausfall und schlug jene in die Flucht. Dieser Erfolg schien so unerwartet, dass auch hier, wie jüngst bei der Kirche zu Fritzlar, die Rettung nur durch ein Wunder möglich schien. Kaum war Karl im Sommer aus Italien zurückgekehrt, so hielt er einen Reichstag in Worms ab und schickte sich zu einem neuen Feldzug gegen die Sachsen an. In Eilmärschen rückte er durch Westfalen bis zu den Quellen der Lippe (am Osning) und ließ dem Feind nicht Zeit, sich zu sammeln. Die Sachsen unterwarfen sich und leisteten Bürgschaft, dass sie den Frieden halten würden. Nachdem der König noch die Eresburg neu befestigt hatte, legte er an der Lippe eine andere Burg an, die er nach sich benannte, und kehrte erst im Spätherbst in die fränkische Heimat zurück.

Von hervorragender Bedeutung für die Ordnung der sächsischen Verhältnisse ist der Reichstag zu Paderborn, welchen Karl im Sommer 777 abhielt. Weil er den Sachsen mit Recht misstraute, erschien er dort an der Spitze eines großen Heeres. Zwar waren schon in den letzten Jahren viele Sachsen zum Christentum bekehrt, aber es fehlte doch noch an jeder Ordnung der kirchlichen Verhältnisse. Deshalb teilte der König das Land in mehrere Parochieen, deren eine, und zwar die im Engernland, er dem Abt Sturm von Fulda übertrug. Um das Christentum fester zu begründen, ließ ferner der König sächsische Edle von deutschen Bischöfen erziehen. In Paderborn empfing eine große Menge der Sachsen die Taufe, und viele Vornehme mussten das Versprechen abgeben, dass sie Freiheit und Eigentum verlieren wollten, wenn sie wiederum vom christlichen Glauben abfielen. Nur einer von den sächsischen Großen war zum Reichstag nicht erschienen, nämlich Widukind, der Heerführer der Westfalen. Derselbe war zu den Dänen geflohen, weil er sich nicht unterwerfen wollte und jeder Widerstand jetzt aussichtslos erschien. Nachdem der König noch eine Kirche in Paderborn gestiftet hatte, kehrte er ins Frankenreich zurück, ganz mit dem Gedanken beschäftigt, einen Feldzug gegen die Araber in Spanien zu unternehmen. Kaum war er nach Beendigung desselben in Auxerre angekommen, so erhielt er die Nachricht, dass die Sachsen, von Widukind aufgehetzt, sich wiederum empört und mit großer Heeresmacht einen Einfall ins fränkische Gebiet gemacht hätten. Sie hatten die Karlsburg zerstört, waren bis zum Rhein vorgedrungen und hatten, da sie über diesen Fluss nicht setzen konnten, alle Ortschaften von Deutz bis Koblenz niedergebrannt. Da das fränkische Heer durch den spanischen Feldzug sehr gelitten hatte, so wurde es meist in die Heimat entlassen und nur ein Teil desselben, der Heerbann der Ostfranken und Alemannen, gegen die Sachsen entsandt. Diese hatten schon kehrt gemacht und wurden erst an der Eder in Hessen ereilt, wo ein großes Blutbad unter ihnen angerichtet wurde.

Erst 779 unternahm der König selbst einen neuen Feldzug. Er ging bei Lippeham, in der Nähe des späteren Wesel, am Einfluss der Lippe über den Rhein und drang in Westfalen ein. Hier stellte sich ihm ein sächsisches Heer entgegen, das sich gestützt auf mancherlei Befestigungswerke zu energischem Widerstand anschickte. Der König errang bei Bocholt (im heutigen Regierungsbezirk Münster) einen entscheidenden Sieg und zog dann bis zur Weser, wo er bei einem Ort Midufulli (wahrscheinlich Uffeln, im Südwesten von Minden) ein Lager aufschlug. Gleich den Westfalen unterwarfen sich nun die beiden anderen Stämme der Sachsen. Im nächsten Jahr suchte Karl schon seine Eroberungen weiter nach Osten auszudehnen. Er hielt im Frühjahr einen Reichstag an den Quellen der Lippe ab und drang dann bis zur Oker vor, wo sich eine Menge Sachsen taufen ließ. Es waren Bewohner des Bardengaus und sogar Nordalbinger, die hier erschienen. Alsdann zog der König ostwärts bis zur Mündung der Ohre in die Elbe, wo er längere Zeit verweilte, um auch in diesem Teil des Sachsenlandes die kirchlichen Verhältnisse zu ordnen. Auch hier richtete er einzelne Sprengel ein und übergab sie der Obhut von Bischöfen und Äbten. Dass er damals auch die Slawen zum Christentum bekehrt habe, ist umso weniger glaublich, als ihm dies überhaupt nicht gelungen ist. Vielleicht hat er jedoch eine Verbindung mit den Abodriten, einem slawischen Volksstamm, welcher im heutigen Mecklenburg wohnte, angeknüpft, was ihm später bei seiner Unterwerfung der Sachsen zu statten gekommen ist.

Diese Einmischung in die Angelegenheiten der Slawen hat ihn dann bald in Kriege mit einzelnen Stämmen verwickelt, welche zunächst eine ungünstige Rückwirkung auf Sachsen ausübten. Einstweilen schien dieses Land völlig bis zur Elbe unterworfen zu sein. So begab sich Karl denn im Juli 782 über den Rhein und hielt wiederum an der Quelle der Lippe eine Reichsversammlung, an welcher die sächsischen Großen mit Ausnahme Widukinds teilnahmen. Hier ist eine umfassende Ordnung der Angelegenheiten dieses neu erworbenen Landes erfolgt, wie sie in dem Kapitular de partibus Saxoniae (d. h. über die sächsischen Gebiete) niedergelegt ist. Die meisten Bestimmungen desselben haben die Ausbreitung des Christentums zum Zweck. Alle christlichen Kirchen, welche in Sachsen errichtet sind, sollen in höherem Ansehen stehen als die heidnischen Heiligtümer. Jede Kirche soll mit einem Hof und zwei Morgen Land von ihren Pfarrkindern ausgestattet werden und von je 120 Menschen einen Knecht und eine Magd zum Dienst erhalten. Außerdem soll ihr von allen Einkünften, die aus staatlichen Gefällen und Gerichtsbußen fließen, der Zehnte gegeben werden. Ebenso sollen die Gaugenossen den zehnten Teil ihres Besitzes und Erwerbes der Kirche übertragen. Jede Gewalttat, welche gegen die Priester oder die Kirchen verübt wurde, sollte mit dem Tod bestraft werden. Die christlichen Kirchen erhielten das Asylrecht, doch nur solange, bis der Verfolgte dem weltlichen Richter übergeben werden konnte. Aber auch dann kam er mit dem Leben davon, wenn er vor dem Priester Buße getan hatte. Andererseits stand die Todesstrafe auf der Übertretung des Verbotes, in der Fastenzeit Fleisch zu essen, während keine Strafe für diejenigen festgesetzt war, welche am Sonntag nicht die Kirche besuchten. Immerhin war die Sonntagsheiligung streng anbefohlen, und keine weltliche Versammlung sollte am Tag des Herrn stattfinden. Die Taufe der Kinder unter einem Jahr wurde obligatorisch und die Nichterfüllung dieses Befehls mit hohen Strafen belegt; es sollte nämlich der Adlige 120 Solidi (360 Mark), der Freie 60 und der Hörige 30 bezahlen. Dagegen wurden alle Erwachsenen, welche sich der Taufe entzogen hatten, mit dem Tod bedroht. Andere Bestimmungen sind gegen das Heidentum gerichtet. Sie ergeben, dass Menschenopfer bei den Sachsen noch üblich waren und Hexen verbrannt zu werden pflegten. Beide Verbrechen werden mit dem Tod bedroht, ebenso die Verbrennung von Leichen, dagegen wird geboten, die Toten auf den christlichen Friedhöfen zu beerdigen. Geringer ist die Strafe für diejenigen, welche, obwohl zum Christentum übergetreten, in den heiligen Hainen beten und opfern; sie beträgt 60, 30, 15 Solidi, je nach dem Stand des Frevlers.

Es fehlt auch nicht an Bestimmungen über politische und gemeine Verbrechen. Jedes Komplott gegen den König oder dessen christliche Untertanen wird mit dem Tod bestraft, während die Ermordung des Grafen den Verlust des Vermögens zur Folge hat. Die Sachsen dürfen allgemeine Versammlungen nur auf Befehl der königlichen Sendboten abhalten. Die Gerichtsversammlungen finden unter dem Vorsitz des Grafen und der Aufsicht des Priesters statt. Die Todesstrafe droht dem Mörder seines Herrn, sowie dem, welcher des Herrn Tochter raubt, dagegen hat nur eine Geldstrafe zu zahlen, wer eine verbotene oder unerlaubte Ehe eingeht. Die Milde dieser Bestimmung hat darin ihren Grund, dass bei den Standesvorurteilen der Sachsen nicht ebenbürtige Ehen überhaupt selten waren. Auch für Blutrache besteht die Strafe nur in einer Geldbuße. Den Grafen droht Amtsentsetzung, wenn sie Räuber oder aus einer anderen Grafschaft entflohene Verbrecher heimlich aufnehmen. Der Eid soll in der Kirche geleistet, der Meineid nach sächsischem Recht bestraft werden.

Noch Ende Juli trat der König den Rückweg ins fränkische Reich an, doch unterwegs erhielt er die Nachricht, dass die Sorben, ein slawischer Volksstamm, welcher zwischen Elbe und Saale wohnte, in die benachbarten Gaue von Thüringen und Sachsen eingebrochen wären und mehrere Orte niedergebrannt hätten. Der König schickte sofort den Kämmerer Adalgis, den Marschall Geilo und den Pfalzgrafen Worad mit dem Heerbaum der Ostfranken aus und gedachte zum ersten Mal die Sachsen gegen den Feind zu führen. Aber kaum hatte das fränkische Heer das sächsische Gebiet betreten, so offenbarte sich, dass auf Anstiften Widukinds, der inzwischen im Land erschienen war, die Sachsen sich von neuem erhoben hatten. Sofort gaben die fränkischen Heerführer den Kriegsplan gegen die Sorben auf und eilten den Sachsen entgegen, welche eine feste Stellung am Süntelgebirge bezogen hatten. Dasselbe zieht sich von Münder ostwärts längs der Weser hin, überschreitet oberhalb Minden diesen Fluss und setzt sich auf dem linken Ufer als Wiehengebirge fort. Das fränkische Heer begegnete schon auf sächsischem Gebiet dem Grafen Theoderich, einem Verwandten des Königs, der auf die Nachricht vom Abfall der Sachsen mit einer schnell zusammengerafften Schar vom Rhein herbeigeeilt war. Man erkundete die Stellung der Sachsen an der Nordseite des Süntelgebirges. Hier schlug Theoderich ein Lager auf; der Verabredung gemäß setzten die Ostfranken über die Weser und lagerten sich am Ufer des Flusses. Ohne aber den Beistand des Grafen abzuwarten, dem sie die Ehre des Sieges nicht gönnten, griffen sie in planlosem und ungeregeltem Ansturm die Sachsen an. Doch sie wurden von diesen, die in regelrechter Schlachtordnung aufgestellt waren, umringt und erlitten eine furchtbare Niederlage. Nur wenige entkamen in das Lager, welches Theoderich jenseits der Berge aufgeschlagen hatte. Außer mehreren Grafen und vielen vornehmen Franken waren zwei der Heerführer gefallen. Es ist nicht recht zu entscheiden, auf welchem Ufer der Weser der Kampf stattgefunden hat; ich möchte mich mehr für das rechte entscheiden, alsdann hätte das Lager Theoderichs auf dem linken gelegen. Sobald diese Niederlage zu den Ohren des Königs kam, brach er mit einem Heer nach Sachsen auf. Hier forderte er die sächsischen Großen vor seinen Richterstuhl und erfuhr, dass sie von Widukind aufgehetzt seien, der jedoch wiederum zu den Dänen entflohen war. Darauf verlangte der König die Auslieferung aller, die am letzten Aufstand beteiligt gewesen. Sie wurden, 4500 an der Zahl, zu Verden an der Aller an einem Tag enthauptet. Auch wurden viele gefesselt ins Frankenland abgeführt. Über Karls Handlungsweise kann man nur richtig urteilen, wenn man die barbarischen Anschauungen seines Zeitalters berücksichtigt. Bei einem Herrscher, welcher wie Karl selbst geringe Vergehen gegen eine aufgezwungene Religion mit dem Tod bedroht, ist es nicht verwunderlich, wenn er offene Empörung so grausam bestraft. Dagegen bleibt es auffallend, dass die Sachsen selbst so viele der ihrigen dem sicheren Verderben überlieferten.

Den Winter verlebte Karl an der Mosel. Hier vernahm er, dass sein Blutgericht die entgegengesetzte Wirkung von dem, was er beabsichtigt, gehabt hatte. In den ersten Monaten des Jahres 783 erfolgte ein allgemeiner Aufstand der Sachsen, der zugleich gegen die fränkische Herrschaft und das Christentum gerichtet war. Im Frühjahr eilte Karl in das Land der Engern und überraschte die Sachsen bei Detmold, wo es zuerst zu einer förmlichen Feldschlacht kam. Karl siegte, fühlte sich aber zu schwach, sofort weiter vorzurücken und kehrte bis Paderborn zurück, wo er Verstärkungen erwartete. Als diese eingetroffen waren, wandte er sich gegen ein zweites Heer der Sachsen und schlug es entscheidend an der Hase. Nachdem er dann noch bis zur Elbe vorgedrungen war, kehrte er zurück und erneuerte 784 seinen Zug. Die Veranlassung dazu war der Abfall eines Teils der Westfalen, der sich mit den Friesen verbündet hatte. Karl überschritt bei Lippeham den Rhein und durchzog Westfalen bis zur Weser, wo er bei dem heutigen Ort Petershagen, unweit Minden, ein Lager aufschlug. Seinen Plan, im sächsischen Tiefland weiter vorzudringen, musste er aufgeben, weil infolge großer Platzregen eine Überschwemmung eingetreten war.

Nachdem der König seinen Sohn Karl in Westfalen zurückgelassen hatte, brach er mit dem größten Teil des Heeres gegen die Ostfalen auf, deren Gebiet er wiederum verwüstend durchzog bis zu der Stelle, wo die Saale in die Elbe mündet. Auf dem Rückweg schloss er zu Schöningen (im heutigen Herzogtum Braunschweig) einen Vertrag mit den Ostfalen, doch ist über dessen Inhalt nichts Sicheres überliefert worden. Im August kehrte er nach Worms zurück, wo sein Sohn Karl, welcher an der Lippe den Westfalen ein glückliches Reitertreffen geliefert hatte, wieder zu ihm stieß. Der König unternahm noch einen Winterfeldzug nach Sachsen, drang in das Gebiet der Engern ein und feierte Weihnachten auf der Schiederburg (im heutigen Fürstentum Lippe). Mit Beginn des nächsten Jahres zog er die Weser abwärts bis Rehme (im Südwesten von Minden) und kehrte dann zur Eresburg zurück, wo er seinen ständigen Aufenthalt nahm. Von hier aus ließ er weithin das sächsische Gebiet verwüsten und begab sich im Sommer nach Paderborn, um da einen Reichstag abzuhalten. Über den Inhalt der Verhandlungen ist nichts bekannt, denn das Kapitulare, welches wir oben näher besprochen haben, ist nicht erst jetzt, wie man lange gemeint hat, sondern schon 782 erlassen worden. Alsdann zog Karl in die Gegend des heutigen Osnabrück, wo er jeden Widerstand unterdrückte und schließlich in den Bardengau, der auf dem linken Ufer der Niederelbe gelegen war.

Während er auch hier das Christentum ausbreitete, traf er Anstalten einem neuen Abfall vorzubeugen. Er knüpfte Unterhandlung mit Widukind und Abbio, den bedeutendsten Führern der Sachsen, an, welche jenseits der Elbe weilten, und sagte ihnen Straflosigkeit und freies Geleit zu, wenn sie sich ihm unterwürfen. Sobald der König in die Heimat zurückgekehrt war, erschienen noch im Herbst desselben Jahres beide sächsische Fürsten mit vielen Genossen am königlichen Hoflager zu Attigny an der Aisne und ließen sich taufen. Damit war nun endlich Sachsen bis zur Elbe unterworfen. Die Sachsen leisteten Karl schon 789 auf seinem Zug gegen den slawischen Stamm der Wilzen und 791 gegen die Avaren Heeresfolge.

Jahrelang herrschte nun Friede in Sachsen, doch konnte sich das freiheitsliebende Volk noch immer nicht zufrieden geben. Als der König durch den Krieg gegen die Avaren völlig beschäftigt schien, hielten die Sachsen die Gelegenheit für günstig, traten mit den Friesen in Verbindung und überfielen am 6. Juli 792 eine Schar von Franken, welche zu Schiff die Niederelbe hinabfuhren. Alsdann zerstörten sie die Kirchen, vertrieben die Priester und stellten das Heidentum wieder her. Noch allgemeiner wurde der Aufstand im folgenden Jahr, wobei der Graf Theoderich, welcher mit einer Truppenabteilung bis zu Wesermündung vorgedrungen war, im Gau der Rüstringer seinen Tod fand. Erst im Spätsommer des Jahres 791 gewann der König Zeit, einen Zug nach Sachsen zu unternehmen. Er selbst drang von Thüringen her vor, sein Sohn Karl durch Westfalen. Das sächsische Heer hatte auf dem so genannten Sendfeld, einer Ebene im Norden der oberen Diemel Stellung genommen, gab jedoch den Kampf auf, als die fränkischen Heere von zwei Seiten anrückten. Auf der Eresburg nahm Karl die Unterwerfung der Sachsen entgegen und begnügte sich damit, die kirchlichen Einrichtungen wiederherzustellen. Doch scheinen die nördlichen Gebiete des Sachsenlandes sich damals noch nicht unterworfen zu haben, denn Karl zog im Sommer 795 wiederum nach Sachsen und rückte in den Bardengau ein, wo er bei Lüne ein Lager aufschlug. Hier erfuhr er, dass der König der Abodriten Witzin, der zu seiner Unterstützung herbeigeeilt war, bei der Überfahrt über die Elbe von den Sachsen überfallen und getötet sei. Die Übeltäter konnte man nicht strafen, denn es waren Sachsen vom jenseitigen Ufer der Elbe. Der König hat damals, um einen neuen Abfall der Sachsen zu verhüten, ein etwas gewaltsames Verfahren gewählt. Er nahm nicht, wie früher, einzelne Vornehme als Geiseln mit sich, sondern schleppte den dritten Teil der männlichen Bevölkerung (es sollen über 7000 Männer gewesen sein) ins fränkische Reich. Die an Witzin verübte Untat strafte er dadurch, dass er das Land weithin verwüstete. Dasselbe Schicksal erlitten im folgenden Jahr die Gegenden an der Lippe und Niederelbe, doch war hier die Erbitterung der Sachsen so groß, dass Karl auch 797 mit einem Heer erscheinen musste, wobei er bis zur Meeresküste vordrang. Damals soll er sogar den dritten Teil der gesamten Bevölkerung aus jenen Gegenden weggeführt und durch Franken ersetzt haben.

Im Oktober 797 versammelte Karl die Großen aus den drei sächsischen Stämmen in Aachen und stellte mit ihnen und seinen heimischen Ratgebern eine Reihe von Bestimmungen fest, welche in dem sächsischen Kapitulare niedergelegt sind. Dadurch wurden die früher für die Sachsen aufgestellten Strafen erheblich gemildert, statt der Todesstrafe in vielen Fällen Geldbuße eingeführt und die Sachsen in strafrechtlicher Beziehung den Franken gleichgestellt. Zwar behielt sich der König vor, die Strafe für Friedensbruch und andere schwere Fälle auf 1000 Solidi zu erhöhen und drohte die Todesstrafe an denen zu vollziehen, welche nach sächsischem Recht derselben verfallen waren, aber auch hier schon will er mit Zustimmung der Sachsen dafür Verbannung eintreten lassen. Die Buße wird nur auf 60 Solidi festgesetzt für alle, welche Gewalttaten gegen Kirchen, Witwen und Waisen begehen, gegen die Brandstifter und die sich dem Kriegsdienst entziehen. Die Gewalttat gegen Priester und deren Leute wird doppelt, die gegen die Königsboten dreifach, aber immer nur mit Geld bestraft. Allein bei Aufrührern, welche sich vor Gericht nicht stellen, tritt die Niederbrennung ihrer Häuser hinzu, doch nur unter Zustimmung ihrer Gaugenossen. Ja die Geldstrafen erscheinen sogar geringer als im fränkischen Reich, denn wo der Franke 15 Solidi zu zahlen hat, soll in Sachsen der Edle 12, der Freie 5 und der Hörige 4 Solidi an Buße hergeben. Doch lässt sich diese Verschiedenheit eher aus dem höheren Wert der Münzen im Sachsenland erklären.

Im November 797 unternahm der König einen neuen Zug nach Sachsen, rückte bis zur Weser vor, wo er bei Herstelle (im heutigen Kreis Höxter), einem Ort, dessen Name noch an jene Zeit erinnert, ein Lager aufschlug. Da er den Winter über in Sachsen zu bleiben beabsichtigte, so verteilte er sein Heer über das ganze Land. Im April 798 fielen die Nordalbinger, von denen ein Teil schon unterworfen war, über die königlichen Sendboten her, welche unter ihnen Gericht abhielten, töteten mehrere von ihnen und setzten andere fest, um sie später gegen ihre Gefangenen auszutauschen. Auch den Grafen Godescalk, welchen der König als Gesandten nach Dänemark geschickt hatte, überfielen sie auf der Rückkehr und erschlugen ihn. Unter den Getöteten war auch ein Sachse, namens Richolf, dessen Bruder dem König Mitteilung von dieser Erhebung machte. Sofort zog er sein Heer aus dem Winterlager zusammen und rückte die Weser abwärts bis nach Minden. Von hier aus unternahm er einen Zug in das zwischen Weser und Elbe gelegene Land, dessen Bewohner sich gleichfalls am Aufstand müssen beteiligt haben, weil Karl hier große Verwüstungen anrichtete. Die Nordalbinger aber, welche Karls Herannahen nicht vermuteten, richteten ihre Waffen gegen die Abodriten, welche seit Jahren mit den Franken verbündet waren. Diesen scheint eine Schar Franken zu Hilfe geeilt zu sein, wenigstens sehen wir bald darauf einen Sendboten Karls in ihrem Heer als Feldherrn tätig. Bei Bornhöved an der Schwentine, dort, wo die Gebiete beider Völker zusammenstießen, kam es im Sommer 798 zur Schlacht, in welcher der Slawenherzog Thrasko einen entscheidenden Sieg erfocht. 4000 Sachsen sollen hier gefallen sein. Die Nordalbinger schickten darauf Gesandte an Karl, welcher von Bardewiek südwärts nach Nordthüringen gezogen war, stellten Geiseln und versprachen Unterwerfung. Karl hat damals gegen 1600 Edle ins fränkische Reich hinübergeführt, um einen Abfall der Nordalbinger zu verhüten. Erst im Herbst ist er in die Heimat zurückgekehrt.

Obwohl er für das Jahr 799 einen Zug nach Rom beabsichtigte, entschloss er sich nochmals nach Sachsen aufzubrechen. Sein gelehrter Freund Alkuin, um dessen Begleitung er bat, lehnte wegen seiner geschwächten Gesundheit die Aufforderung ab, riet jedoch dem König, gegen die Sachsen größere Milde walten zu lassen, damit er nicht um geringen Verdienstes willen große Verluste erleide. Deshalb empfahl er ihm auch, die Zehnten in Sachsen weniger streng einzutreiben. Der König zog im Juni an den Rhein und hielt bei Lippeham eine Reichsversammlung ab. Alsdann rückte er mit einem ansehnlichen Heer nach Paderborn, wo er zu bleiben beschloss. Mit einem Teil seines Heeres schickte er seinen Sohn Karl an die Elbe, um die Verhandlungen mit den Slawen fortzusetzen und weitere Geiseln von den Nordalbingern in Empfang zu nehmen.

Während seiner Abwesenheit traf der Papst Leo III. in Paderborn ein und verweilte hier einige Tage. Nicht die Angelegenheiten Sachsens hatten ihn herbeigerufen, sondern die Not, in welche er durch die Feindseligkeit der Römer geraten war. Doch muss der glänzende Empfang, welchen Karl dem Papst bereitete, auf die eben erst bekehrten Sachsen einen großen Eindruck gemacht haben. Ein Gedicht, für dessen Autor Angilbert, der gelehrte Freund Karls, gilt, schildert diese Zusammenkunft ausführlich, allerdings in einer Sprache, welche soviel Ausdrücke aus Vergils Aeneis aufgenommen hat, dass man versucht ist zu zweifeln, ob auch der Inhalt der Verse der Wahrheit entspricht. Sowohl als Pippin, den der Vater dem Papst entgegengeschickt hatte, diesen begrüßt, als auch bei der Begegnung mit dem König selbst heißt es, dass sich nicht allein das Heer, sondern auch das Volk dreimal vor dem Papst zu Boden wirft. Wenn die Sachsen dies wirklich getan haben, so ließ ihre Bekehrung nichts zu wünschen übrig. Der Papst hat damals einen Altar in der Kirche zu Paderborn, welche Karl hat erbauen lassen, geweiht und darin die Reliquien des hl. Stephanus niedergelegt. Im Herbst kehrte der König in die Heimat zurück, indem er wiederum eine große Zahl Sachsen samt Weib und Kind, wahrscheinlich aus dem Bardengau, ins fränkische Reich verpflanzte.

In den nächsten Jahren wurde Karl durch wichtigere Aufgaben verhindert, seine Eroberungen jenseits der Elbe fortzusetzen. Bekanntlich fällt in diese Zeit seine Kaiserkrönung in Rom. Auf einer Versammlung in Aachen, zu welcher er 802 die Großen seines Reiches und Vertreter der einzelnen Stämme berufen hatte, ließ er außer anderen Volksrechten noch das so genannte „Gesetz der Sachsen“ feststellen. Damals hat er durch ein sächsisches Heer einen Streifzug in das Gebiet der Nordalbinger machen lassen, doch scheint diese Expedition nur von untergeordneter Bedeutung und Wirkung gewesen zu sein, denn im Sommer 804 sehen wir den Kaiser selbst mit einem großen fränkischen Heer nach Sachsen ziehen. Er überschritt die Aller und schlug bei dem heutigen Dorf Hollenstedt (im Kreis Harburg) ein Lager auf. Von hier aus sandte er Heeresabteilungen in die nördlichen Gaue zwischen Weser und Elbe und auch nach Stormarn nördlich der Elbe und ließ nochmals eine große Menge Volks aufgreifen und im fränkischen Reich verteilen. Ihre Zahl wird auf 10.000 angegeben. Das Gebiet der Nordalbinger gab er den Abodriten, welche ihn in den letzten Jahren erfolgreich unterstützt hatten. Damit war die Unterwerfung Sachsens vollendet. Dass Karl schon 803 zu Salz an der fränkischen Saale einen förmlichen Frieden mit den Sachsen geschlossen hat, ist in das Reich der Fabel zu verweisen. Auch die Entstehung der sächsischen Bistümer reicht nur zum Teil in Karls Zeit zurück; nämlich nur von Bremen, Verden, Münster, Paderborn, Osnabrück und Minden ist dies nachzuweisen, während die übrigen, vornehmlich in Ostfalen gelegenen Bistümer erst in den folgenden Jahrzehnten entstanden sind.

Kapitel VII.

Die Unterwerfung Tassilos von Bayern

Der volkreiche Stamm der Bayern, dessen Sitze sich vom Nordabhang der Alpen bis zum Böhmerwald, vom Lech im Westen bis zur Enns erstreckten, war schon unter Karl Martell wieder unter fränkische Hoheit gebracht worden, und Bonifatius hatte dann christliche Bistümer im Land errichtet. Pippin hatte den jungen Herzog Tassilo veranlasst, 757 zu Compiègne den Huldigungseid samt seinen Großen zu leisten, und zwar war dieser so verfasst, wie ihn sonst nur die Empfänger von Benefizien oder Lehen zu leisten pflegten. Dadurch wurde die Abhängigkeit Bayerns vom fränkischen Reich erheblich vermehrt und auch für die Zukunft gesichert, indem Tassilo auch den jungen Söhnen des Königs Karl und Karlmann der Eid der Treue schwor. Doch der Herzog achtete dies feierliche Versprechen nicht und nahm auch auf die Verwandtschaft, die ihn an das Haus der Karolinger knüpfte, keine Rücksicht. Schon 763 nämlich ließ er das fränkische Heer, das einen Feldzug nach Aquitanien unternahm, im Stich und kehrte unter dem Vorwand einer Krankheit nach Hause zurück. Pippin gewann nicht mehr Zeit, ihn wieder zu unterwerfen. Wir sehen nun Tassilo in Bayern ganz nach Art eines Königs regieren. Er hält Versammlungen seiner Großen ab und lässt durch die Synoden die Angelegenheiten der Kirche in Bayern ordnen, ohne Rücksicht auf den fränkischen König.

Nach Karls Regierungsantritt wurde bald ein friedliches Verhältnis mit Bayern hergestellt, als Karl sich mit einer Tochter des Desiderius, einer Schwester von Tassilos Gattin, vermählte. Doch blieb der Herzog im Wesentlichen unumschränkt, und es ist nicht einmal sicher, ob er sich zur Heeresfolge verpflichtet fühlte. Endlich 781 hielt es Karl für zeitgemäß, Tassilo zu der früheren Abhängigkeit zurückzuführen und benutzte dazu die Vermittlung des Papstes Hadrian. Infolgedessen begab sich eine Gesandtschaft, an welcher zwei päpstliche und zwei königliche Boten teilnahmen, an den bayrischen Hof und stellte an den Herzog die Forderung, den früher geleisteten Huldigungseid zu erneuern. Wohl noch im Sommer erschien derselbe auf der Reichsversammlung in Worms und schwor anstandslos den verlangten Eid der Treue. Als Bürgschaft stellte er alsdann 12 Geiseln. Trotzdem blieb das Verhältnis des Herzogs zu Karl ein gespanntes. Aus dem Jahr 885 hören wir von einem Kampf zwischen Bayern und Franken bei Bozen, in welchem die Letzteren unterlagen; sonst fehlt jede Spur von einem Abfall des Herzogs, obwohl er klug getan hätte, sich Bundesgenossen in Italien oder Konstantinopel zu suchen, wenn er sich ernstlich der fränkischen Herrschaft entziehen wollte. Er hat dann die Vermittlung des Papstes in Anspruch genommen, dessen Wohlwollen er sich durch seine Fürsorge für die Kirche in Bayern glaubte, erworben zu haben. Im Jahr 787 schickte er eine Gesandtschaft nach Rom, an welcher der Erzbischof Arn von Salzburg und der Abt Heinrich von Mondsee teilnehmen. Der Papst ging auch auf die Wünsche der Gesandten ein und drang in Karl, der sich damals in Rom aufhielt, sich in Güte mit seinem Vasallen zu vertragen. Doch konnte man sich, wie es scheint, mit den Gesandten über die Bedeutung des von Tassilo geleisteten Eides nicht einigen, und diese wurden mit der Drohung entlassen, dass der Papst den Bann aussprechen würde, wenn Tassilo sich nicht in allen Dingen dem fränkischen König gehorsam zeigte.

Nach seiner Rückkehr aus Italien hielt der König im Juli eine Versammlung in Worms ab und berief hierher den Herzog durch eine Gesandtschaft. Doch dieser leistete dem Befehl keine Folge, wie es heißt, hierin dem Einfluss seiner Gattin gehorchend, welche wegen der Entthronung ihres Vaters Desiderius noch immer dem König zürnte. Dass sich der Herzog schon damals mit den Avaren verbunden hat, ist nicht wahrscheinlich. Der König schritt unverweilt zu Krieg. Eine große Heeresmacht wurde im Frankenland und den abhängigen Gebieten aufgeboten, und in drei Heersäulen erfolgte der Marsch nach Bayern. Von Süden her das Etschtal hinauf rückte Pippin mit den Langobarden vor, von Norden her erschien das Aufgebot der Ostfranken, Thüringer und Sachsen an der Donau, und Karl selbst führte die Hauptmacht durch Schwaben zum Lech, an dem er bei der Stadt Augsburg ein Lager aufschlug. Noch bevor sich der König mit den übrigen Heeren vereinigen konnte, unterwarf sich der Herzog. Nicht allein weil er die Überlegenheit des fränkischen Aufgebots fürchtete, sondern vornehmlich, weil das bayerische Volk ihn verließ, seitdem er dem Bann verfallen war, hat sich der Herzog zum Nachgeben entschlossen. Er erschien am 3. Oktober in Karls Lager und erklärte sich zum Vasallen des Königs. Zugleich verzichtete er auf das Herzogtum und übergab zum Zeichen dessen dem König einen Stab, an dessen Spitze eine männliche Figur geschnitzt war. Doch der König übertrug ihm sein Reich wiederum und beschenkte ihn, wie es sich einem Vasallen gegenüber ziemte, mit goldenen Armbändern und einem Ross. Als Bürgen für seine Treue stellte der Herzog seinen Sohn Theodo, den er schon früher zum Mitregenden angenommen hatte, und zwölf Große seines Reiches.

Doch die Unterwerfung Tassilos war nicht ernstlich gemeint. Soweit sich sein Charakter bei der lückenhaften Überlieferung beurteilen lässt, war er ein herrschsüchtiger, stolzer Mann, der nur zu gern ein Königreich Bayern errichtet hätte, dem aber die staatsmännische Einsicht und die diplomatische Gewandtheit fehlte, um die günstige Gelegenheit zum Abfall zu erkunden oder ausreichend zu benutzen. Was er damals tat, war nicht ausreichend, um ihn von der Frankenherrschaft zu befreien, genügte aber völlig, um ihn bei Karl zu kompromittieren. Außerdem scheint der Herzog geglaubt zu haben, Karl werde gegen ihn als seinen Blutsverwandten Schonung walten lassen. Noch im Jahre 787 schloss Tassilo insgeheim ein Bündnis mit dem benachbarten Volk der Avaren, welches im heutigen Ungarn wohnte. Ob Karl davon erfahren hat, geht aus den Quellen nicht hervor, jedenfalls hegte er Misstrauen gegen des Herzogs Treue und beschloss eine günstige Gelegenheit zu benutzen, um sich seiner zu entledigen, bevor derselbe zu offenem Abfall Zeit gewann. Denn bei der drohenden Haltung der Griechen und der Treulosigkeit der Beneventaner konnte ein Krieg im Innern des Reiches von schrecklichen Folgen begleitet sein. Die für Karl parteiischen, gleichzeitigen Quellen stellen die Absetzung Tassilos so dar, als ob sie ausschließlich von der Reichsversammlung auf Veranlassung seiner bayerischen Untertanen bewirkt sei, und als ob Karl nur ihrem Drängen nachgegeben habe. In Wirklichkeit aber kann ein planmäßiges Vorgehen des Königs gegen den zweifelhaften Vasallen nicht geleugnet werden.

Im Juni 788 hielt Karl in Ingelheim am Rhein, wo er schon seit Weihnachten weilte, die Reichsversammlung ab, zu welcher von den fernsten Gauen die Großen geladen waren. Auch Tassilo erschien, nicht gewärtig des Schicksals, das ihm unmittelbar bevorstand. Bevor der König gegen ihn einschritt, ließ er seine Gemahlin mit ihren Kindern aus Bayern herbeischaffen. Alsdann wurde der Herzog entwaffnet und vor die Reichsversammlung geführt. Hier erhoben seine bayerischen Untertanen gegen ihn folgende Beschwerden. Er habe sich auf Anstiften seiner Gattin mit den Avaren verbunden, den Vasallen des Königs nach dem Leben getrachtet und seinen eigenen Leuten befohlen, dem König nur mit geheimem Vorbehalt den Huldigungseid zu leisten. Ja er sollte gesagt haben, er würde die jüngst dem König gemachten Versprechungen nicht halten, selbst wenn er zehn Söhne hätte und diese das Leben verlören, denn der Tod sei besser als ein solches Leben. Der Herzog scheint die meisten dieser Beschuldigungen zugegeben zu haben. Der Versammlung aber schienen diese nicht ausreichend, um ihn zu stürzen, sie griff auf das längst vergessene Vergehen des Herzogs gegen Pippin zurück, welches er durch das heimliche Verlassen des fränkischen Heeres begangen hatte. Nach fränkischem Recht stand darauf der Tod, und so entschied auch die Versammlung einstimmig, aber schon der König scheint die Ungehörigkeit dieser Strafe gefühlt zu haben, denn er begnadigte den Herzog und begnügte sich mit seinem Rücktritt. Wie es damals Sitte war, wurde Tassilo samt seiner Familie ins Kloster gesteckt. Auf seine Bitte erließ ihm der König die Schmach, vor versammelten Großen zum Mönch geschoren zu werden. In St. Goar verlor er den Schmuck des Haupthaares und wurde in das Kloster Jumièges bei Rouen gesandt, wo er bald in völlige Vergessenheit geriet. Nur sechs Jahre später musste er in Frankfurt a. M. erscheinen, um feierlich nochmals Verzicht auf Bayern zu leisten, Auch seine Gemahlin, seine beiden Söhne und Töchter schieden aus der Welt und fanden in entlegenen Klöstern ein stilles Asyl. Damit war das letzte der Herzogtümer, welches noch eine gewisse Selbständigkeit innerhalb des großen Reiches behauptet hatte, verschwunden. Wie man auch über Karls Handlungsweise im einzelnen urteilen mag, so ist doch auf seiner Seite das historische Recht; ohne sein rücksichtloses Einschreiten hätte Bayern auch ferner ein Sonderleben geführt und wäre schwerlich so bald ein Hauptpfeiler des ostfränkischen Reiches geworden.

Kapitel VIII.

Der Krieg gegen die Avaren

Die Einverleibung Bayerns hatte auch den Gewinn von Kärnten und Steiermark zur Folge, denn diese Länder, welche von slawischen Karantanen bewohnt wurden, waren schon 772 durch Tassilo zur Anerkennung seiner Oberhoheit gebracht, und seit mehreren Jahrzehnten war das Christentum von Salzburg aus mit wunderbarem Erfolg in diesen Gegenden verbreitet worden. Somit wurde Karl der unmittelbare Nachbar der Avaren, welche seit der Mitte des sechsten Jahrhunderts das heutige Ungarn besetzt und die Spitze der Langobarden und Gepiden eingenommen hatten.

Gleich den Hunnen waren sie ein Reitervolk mongolischen Stammes, das sich den Byzantinern oft furchtbar erwiesen hatte. Zwar war zu Karls Zeit das große Reich der Avaren, das sich einst bis Böhmen hinaus erstreckte und viele slawische Stämme in Abhängigkeit erhalten hatte, erheblich zusammengeschmolzen, aber noch immer waren sie gefährliche Nachbarn. Karl hatte bisher ein friedliches Verhältnis zu ihnen aufrechterhalten. Als er 782 in Lippspringe Hof hielt, erschien eine Gesandtschaft, welche die avarischen Fürsten, an ihrer Spitze der Chakhan, abgesandt hatten. Erst in Tassilos letzten Jahren änderte sich dies Verhältnis. Unmittelbar nach dessen Absetzung erschien ein avarisches Heer in Bayern, wurde aber von dem dortigen Aufgebot und fränkischen Hilfstruppen an der Ips und sodann an der Donau geschlagen. Dasselbe Schicksal erlitt ein anderer Haufen, welcher über die Ostalpen in Friaul eingedrungen war.

Mehrere Jahre herrschte nun Friede, welchen Karl sofort dazu benutzte, die Verwaltung Bayerns neu zu gestalten. Dieselbe wurde Grafen übertragen, unter denen Gerold, ein Schwager des Königs, eine leitende Stellung einnimmt. Als dann um 790 ein Streit über den Besitz von Grenzstrichen ausbrach, wurde seitens der Avaren zunächst der Weg gütlicher Verhandlung gewählt. So erschien denn im Frühling eine avarische Gesandtschaft an des Königs Hof zu Worms und wurde noch in demselben Jahr durch eine fränkische, die zu den Avaren ging, erwidert. Doch da die Verhandlungen zu keinem Resultat führten, entschloss sich der König zum Krieg. Im August 791 sammelte er in Regensburg ein großes Heer. Dasselbe unternahm in drei Abteilungen den Marsch an die Grenze. Das Nordkorps drang auf dem linken Ufer der Donau vor und durchzog das südliche Böhmen, es bestand vornehmlich aus Friesen und Sachsen und wurde von dem Grafen Theoderich und dem Kämmerer Meginfried befehligt, das Südkorps führte der König selbst auf dem rechten Donauufer vorwärts, während auf dem Strom die Bayern zu Schiff hinabsegelten. Noch bevor die fränkischen Heere die Grenze erreicht hatten, war ein Heer aus Italien, welches auch der Herzog Johann von Istrien begleitete, in das Reich der Avaren eingefallen und hatte am 23. August einen Sieg errungen. Karl und die Bayern machten an der Enns, dem Grenzfluss des Reiches, halt, und nun erst wurde dem Feind der Krieg förmlich erklärt. Die Avaren hatten mehrere Festungswerke an ihrer Westgrenze angelegt, darunter eins bei dem heutigen Ort Tuln, aber als sie die Heere der Franken heranrücken sahen, gaben sie diese Schanzen preis und flohen. Die Franken zerstörten die Befestigungen überall, wo sie dieselben fanden, verwüsteten das feindliche Gebiet und drangen bis zur Raab vor. Dann zog Karl längs dieses Flusses bis zur Donau und kehrte reich an Beute und Gefangenen auf dem früheren Weg nach Bayern zurück, während die Sachsen und Friesen durch Böhmen heimzogen. Trotz der großen Erfolge hatte der Krieg nur wenige Menschenleben gekostet, doch brach in des Königs Heeresabteilung eine Seuche unter den Pferden aus, welche einen furchtbaren Umfang annahm. Noch vor Weihnachten war der Feldzug beendet.

Doch die Avaren konnten nicht völlig als unterworfen gelten. Deshalb bereitete sich der König auf weitere Kriege vor und verbrachte die beiden nächsten Jahre meist in Regensburg, um die Rüstungen besser überwachen zu können. Er ließ eine bewegliche Brücke herstellen, die man in Feindesland mitnehmen konnte. Sie scheint nach Art unserer Schiffbrücken eingerichtet gewesen zu sein. Sodann versuchte er einen Kanal zwischen Altmühl und Rednitz herzustellen, wodurch eine Flussverbindung zwischen Main und Donau geschaffen werden sollte. Im Sommer des Jahres 793 wurde der Bau in Angriff genommen, aber nur ein Kanal von zweitausend Schritt Länge und einer Breite von dreihundert Schritt gegraben. Die ungünstige Witterung hinderte den Fortgang des Werkes und vernichtete die bisherigen Arbeiten; deshalb musste Karl seinen Plan aufgeben, und erst in unserem Jahrhundert hat Ludwig I. von Bayern, allerdings in größerem Umfang, jene Flussverbindung hergestellt. Inzwischen war Karls Aufgabe insofern eine leichtere geworden, als Zwistigkeiten unter den Häuptern des avarischen Volkes ausgebrochen waren. Während er im Sommer 795 zu Lüne im Sachsenland Hof hielt, erschienen Gesandte des Tudun, eines Statthalters der Avaren, vor ihm und erklärten, dass ihr Herr samt seinen Untertanen sich unterwerfen und zum Christentum bekehren wolle. Dies Versprechen wurde schon im folgenden Jahr erfüllt, indem der Tudun mit großem Gefolge nach Aachen kam und hier vom König selbst aus der Taufe gehoben wurde. Wenn er auch bald wieder abfiel, so hatten doch die fränkischen Heere, welche inzwischen den Krieg wiederum aufgenommen hatten, einen geringeren Widerstand zu bewältigen. Dazu hatte ein Aufstand im Avarenland dem Chakhan und einem anderen Häuptling, welcher den Titel Jugur führte, das Leben gekostet. Deshalb gelang es einer fränkischen Heeresabteilung, welche der Markgraf Erich von Friaul ins Donauland geschickt hatte, das Hauptbollwerk der Avaren, den sog. Ring, einzunehmen. Dabei fielen unermessliche Schätze, welche seit Jahrhunderten daselbst aufgehäuft waren, in die Hände der Franken; es waren nicht allein Goldmünzen, welche von den Tributen byzantinischer Kaiser herrührten, sondern auch kostbare Gewänder und Waffen. Sie wurden später nach Aachen zum König geschickt, der mit freigebiger Hand an den Papst, die Geistlichkeit und seine weltlichen Diener daraus spendete.

Die Darstellung des Mönches von St. Gallen, welcher die „Ringe" der Avaren als konzentrische Kreise bezeichnet, die mit hölzernen Gehegen umgeben waren, beruht jedenfalls auf einem Missverständnis, trotzdem waren es sehr ausgedehnte Befestigungen, und so erklärt sich auch die Leichtigkeit, mit der es den Franken gelungen war, da einzudringen. Indessen hielt der König im folgenden Jahr einen Feldzug in größerem Maßstab für geboten. Während er selbst gegen die Sachsen kämpfte, musste sein Sohn Pippin mit einem Heer, das außer Langobarden auch bayerische und alemannische Hilfsvölker enthielt, in das Reich der Avaren einbrechen. Ohne Schwierigkeiten rückte er bis zur Donau vor und schüchterte durch die Schnelligkeit seiner Bewegungen die Avaren so ein, dass sich ihr neuer Chakhan nebst vielen Großen unterwarf. Pippin jedoch drang bis zum großen Ring vor, der allem Anschein nach zwischen Donau und Theiß lag, und fand dort noch soviel Schätze, dass er es für nötig hielt, dieselben dem Vater persönlich nach Aachen zu überbringen. Noch während des Feldzuges hatte Pippin mit mehreren Bischöfen, darunter dem Patriarchen Paulinus von Aquileja, Rat gehalten, in welcher Weise der Übertritt der Avaren zum Christentum erfolgen sollte, denn bei der Rohheit des Volkes und jedenfalls auch nach den in Sachsen gemachten Erfahrungen schien es besser, der Taufe eine Unterweisung in der neuen Lehre vorausgehen zu lassen. Um das Werk der Bekehrung zu leiten, wurden Paulinus und der Erzbischof von Salzburg ausersehen. Wahrscheinlich hat man auch Alkuins praktischen Rat beachtet, der von einer Einführung der Zehnten abriet, um die aufkeimenden Sympathien des Volkes für den christlichen Glauben nicht zu ertöten. Mit dem Jahr 796 kann die Unterwerfung der Avaren im Wesentlichen als vollendet gelten. Dass dieser Erfolg vornehmlich Pippin zu danken war, hebt ein gleichzeitiges Gedicht, dessen Verfasser unbekannt ist, aber jedenfalls ein Geistlicher war, hervor. Auch abgesehen von seinem Inhalt, der von religiöser Tiefe der Auffassung zeugt, ist das Gedicht schon wegen seiner volkstümlichen Form ein wertvolles Überbleibsel jener Zeit.

Wohl hören wir im folgenden Jahrzehnt noch von vereinzelten Kämpfen gegen die Avaren, in deren einem des Königs Schwager, Graf Gerold, seinen Tod fand, aber zu einem allgemeinen Abfall des Volkes ist es nicht mehr gekommen. Im Jahre 802 genügte das bloße Erscheinen eines fränkischen Heeres im Avarenland, um den neuen Tudun zur Anerkennung von Karls Oberhoheit zu veranlassen. Ja die Macht jenes furchtbaren Volkes war so geschwächt, dass es sich der benachbarten Slawen nicht mehr erwehren konnte und 805 der Chakhan Theodorus vor dem Kaiser in Aachen erschien und ihn bat, den Avaren neue Wohnsitze zwischen Donau und Raab, dort, wo heute Österreichs und Ungarns Grenzen zusammenstoßen, zu bewilligen. Karl gewährte diese Bitte und machte dem Nachfolger des damaligen Chakhan auch das Zugeständnis, dass er wie zu Zeiten der avarischen Unabhängigkeit die höchste Gewalt über das ganze Volk besitzen solle.

Die Begründung einer avarischen Mark durch Karl ist nicht hinreichend beglaubigt, erst unter Ludwig dem Frommen lässt sich eine solche Einrichtung nachweisen, doch scheint es nicht ein Grenzbezirk gewesen zu sein, der einem Markgrafen übertragen war, sondern es handelte sich eher um die Aufsicht über das unabhängige Volk der Avaren, mit der teils der Markgraf von Friaul, teils ein Graf, der zu Lorch im Traungau residierte, betraut war. Aus diesen geringfügigen Anfängen hat sich dann die Ostmark, das spätere Herzogtum Österreich, entwickelt.

Kapitel IX.

Die Kriege gegen Slawen und Dänen

Infolge seines Krieges gegen die Sachsen ist Karl, wie wir bereits erwähnten, auch in Berührung mit den Slawen gekommen. Diese bewohnten die Länder im Osten der Elbe und Saale, ferner Böhmen und das heutige Kärnten. Sie zerfielen in viele Stämme, unter denen die Abodriten und Linonen im heutigen Mecklenburg, die Wilzen in der Mark, die Sorben und Daleminzier zwischen Elbe und Saale, die Tschechen in Böhmen und die Karantanen in den Ostalpen hier in Betracht kommen. Im Allgemeinen waren die Slawen den Sachsen feindlich gesinnt. So gab auch ein Einfall der Sorben in das sächsische Gebiet den Anlass, dass Karl 782 einen Feldzug gegen dieses slawische Volk vorbereitete. Wir haben oben gesehen, dass derselbe nicht zur Ausführung kam, weil die Sachsen, welche Heeresfolge leisten sollten, diese Gelegenheit zum Abfall vom fränkischen Reich benutzten. Erst nach der Beendigung des Sachsenkrieges fand Karl Zeit, seine Waffen gegen die Sorben zu richten. Mit dem Oberbefehl über das fränkische Heer wurde des Kaisers Sohn Karl betraut, welcher 806 durch Thüringen vordrang und mit einem Teil seines Heeres bis zum Merinofeld rückte, das im Osten der Saale gelegen haben muss. Die Sorben waren, wie die Slawen meist, nicht geeinigt, und nur ein Teil von ihnen, an dessen Spitze der Fürst Miliduoch stand, stellte sich den Franken im Kampf entgegen. Nachdem dieser Haufen vernichtet und sein Führer getötet war, unterwarfen sich die übrigen Häuptlinge der Sorben. Eine andere Abteilung des fränkischen Heeres hatte inzwischen die Elbe überschritten, doch ist es zweifelhaft, ob sie gleichfalls dort die Sorben bekämpfen sollte, denn es ist sonst nicht bekannt, dass sich deren Spitze auch auf das rechte Elbufer erstreckten. Wahrscheinlich hatte sie nur die Aufgabe, den Sorben den Weg nach Osten zu verlegen. Der jüngere Karl errichtete zum Schutz der Elbgrenze zwei Burgen, die eine gegenüber dem heutigen Magdeburg, die andere in der Nähe des späteren Halle.

Schon lange vorher hatte der bedeutendste Stamm der Slawen seine Freiheit eingebüßt. Es waren die Wilzen oder Welataben, die so mächtig waren, dass sie bei Einhard als gleichbedeutend mit Slawen überhaupt betrachtet werden. Ihr Gebiet erstreckte sich von der Elbe bis zur Ostsee, und sie waren nicht nur den Sachsen, sondern auch ihren eigenen Stammesgenossen, den Abodriten, verhasst. Im Jahr 789, als Karl der Treue der Sachsen schon sicher zu sein glaubte, unternahm er einen Feldzug gegen diese Wilzen. Als Ursache des Krieges führt Einhard die häufigen Einfälle an, welche dieselben in das Land der Abodriten gemacht hatten. Karl rückte im Frühjahr durch Sachsen bis zur Elbe vor und überschritt diesen Fluss auf zwei Brücken. Sehr zahlreich muss das fränkische Heer gewesen sein, denn außer Franken und Sachsen werden auch Abodriten und sogar Sorben darin aufgezählt, und friesische Scharen fuhren zu Schiff die Havel aufwärts, wohin sie nur aus der Elbe gelangen konnten. Zu nennenswerten Gefechten scheint es nicht gekommen zu sein. Die Wilzen, an ihrer Spitze der Fürst Dragowit, unterwarfen sich und leisteten für ihre Treue durch Geiseln Bürgschaft. Karl, der ihnen keinen Tribut auferlegte, bemühte sich um ihre Zuneigung und versuchte sie durch Missionare für das Christentum zu gewinnen. Im Allgemeinen scheint ihre Unterwerfung nur eine vorübergehende gewesen zu sein, denn in den folgenden Jahrzehnten machten sie nicht selten mit Karls Feinden gemeinschaftliche Sache und verschonen auch nicht das fränkische Gebiet. Karl hat deshalb 808 zum Schutz der Elbgrenze zwei Festungen anlegen lassen, darunter Hohbuoki an der Elbe, dessen Lage nicht mehr festzustellen ist. Als diese Feste bald darauf zerstört wurde, beeilte sich Karl, dieselbe wieder herzustellen, konnte aber erst 812 einen Heereszug gegen die Wilzen rüsten. Wiederum fügten sich diese der fränkischen Übermacht und erkannten die Oberhoheit Karls an, doch behielten sie nach wie vor ihre eigenen Fürsten.

Wesentlich anders gestaltete sich Karls Verhältnis zu den Abodriten. Diese haben ihm gegen die Sachsen und besonders 798 gegen die Nordalbinger wertvollen Beistand geleistet. Sie blieben auch in der Folge Verbündete der Franken und erkannten ohne Weigerung deren Oberhoheit an. Ihr Fürst Thrasko ließ sich 804 von Karl in seiner Herrschaft bestätigen und wurde auch von ihm geschützt, als 808 die Dänen in das Gebiet der Abodriten einfielen. So gelang es ihm schon 809 mit Hilfe der Sachsen, seine Herrschaft wiederherzustellen und die benachbarten slawischen Stämme der Wilzen und Linonen, welche den Dänen im vorigen Jahr Beistand geleistet hatten, zu strafen. Thrasko selbst fand leider durch die Hinterlist des Dänenkönigs noch in demselben Jahr seinen Tod, doch bemühte sich der Kaiser das Reich der Abodriten zu erhalten, indem er den tapferen Slawomir an ihre Spitze stellte.

Es ist nicht bekannt, weshalb der Kaiser auch Böhmen zu unterwerfen suchte. In drei Heersäulen brachen 805 die Franken in Böhmen ein. Die erste Abteilung führte des Kaisers Sohn Karl über den Böhmerwald in das Tal der Eger, wo zu ihm ein bayerisches Heer und die Sachsen, welche das Erzgebirge überschritten hatten, stießen. Wie weit das vereinigte Frankenheer in Böhmen vorgedrungen ist, lässt sich nicht bestimmen. Die Tschechen wagten nicht in offener Feldschlacht entgegenzutreten, sondern zogen sich in ihre Wildnisse zurück. Karl drang bis zu einer Feste Canburg, welche wohl noch im Egertal zu suchen ist, vor. Nachdem er 40 Tage das Land verwüstet hatte, kehrte er aus Mangel an Lebensmitteln zurück. Als man dann im folgenden Jahr den Einfall erneuerte, fuhr man in der Verwüstung der böhmischen Grenzgebiete fort, war schließlich aber froh, als man ohne große Verluste wieder den heimatlichen Boden erreichte.

Karls Kämpfe gegen die Slawen führten nicht zu den gleichen Resultaten, wie die meisten seines Lebens. Weder zu ihrer völligen Unterwerfung, noch zu ihrer Bekehrung ist es damals gekommen. Vielmehr galt das Slawenland noch lange als fremdes Gebiet. Dem entspricht auch die Errichtung von Marken, welche auf Karl zurückgeführt werden; so soll er eine Mark an der Saale gegen die Sorben und nach einer allerdings zweifelhaften Überlieferung eine andere gegen die Abodriten an der Grenze Nordalbingiens bis zur Kieler Bucht begründet haben.

Erst spät ist Karl den Dänen entgegengetreten, obwohl sie schon lange vorher die Sachsen in ihrem Widerstand gegen Karls Eroberungspläne unterstützt hatten. Das dänische Reich umfasste damals außer den Inseln, Jütland und Schleswig bis zur Schlei das südliche Schweden und war insofern gegenüber der fränkischen Macht im Übergewicht, als es über eine bedeutende Flotte gebot, die den Franken noch völlig mangelte. Außerdem gewährten die mancherlei unzufriedenen Elemente in Sachsen und im Slawenland den Dänen einen wertvollen Rückhalt bei ihren Eroberungszügen. Durch die Unterwerfung der nordalbingischen Sachsen war Karl Nachbar der Dänen geworden. Um das Jahr 804 hatte es den Anschein, als ob er sich mit dem König Göttrik, der damals in Dänemark herrschte, verständigen würde; jedoch der Gedanke einer Zusammenkunft beider Herrscher kam nicht zur Ausführung, und eine fränkische Gesandtschaft, welche die Auslieferung sächsischer Flüchtlinge von den Dänen verlangte, hatte keinen Erfolg. Doch flößte die Macht des Kaisers Göttrik solchen Respekt ein, dass er sich hütete, die Gelegenheit zum Krieg heraufzubeschwören.

Erst als 807 ein dänischer Fürst an Karls Hof erschien und dessen Oberhoheit anerkannte, trat Göttrik mit seinen feindlichen Absichten offen hervor. Zunächst wandte er sich gegen die Abodriten, welche zum Teil die Wohnsitze der weggeführten

Nordalbinger eingenommen hatten. Obwohl sie, wie er wissen musste, Verbündete der Franken waren, fiel er 808 in ihr Land ein, vertrieb ihren Fürsten Thrasko und unterwarf sich einen großen Teil von dessen Reich. Dabei kam ihm die Eifersucht der slawischen Stämme aufeinander sehr zu statten; mehrere derselben wie die Linonen und besonders die Wilzen leisteten ihm aus Hass gegen die Abodriten Heeresfolge. Schließlich erlitt er aber bei der Belagerung eines slawischen Kastells solche Verluste, dass er den Rückweg antrat. Inzwischen hatte der Kaiser ein großes Heer unter seinem Sohn Karl nach Sachsen gesandt, um wenigstens die Elbgrenze zu schützen. Karl überschritt den Strom und drang in das Gebiet der Linonen ein, stieß hier aber auf so nachhaltigen Widerstand, dass er es vorzog, nach Sachsen zurückzukehren. Der Dänenkönig hatte seinen Rückzug zu Schiff in den Hafen Schleswig bewerkstelligt, glaubte aber, dass die Franken ihm unverzüglich folgen würden. Deshalb ließ er von der Nordsee bei dem heutigen Tönning bis zur Ostsee bei Schleswig einen Erdwall errichten, welcher nur durch ein einziges Tor passiert werden konnte. Aus diesen rohen Anfängen ist das spätere Danewerk entstanden. Bis diese Arbeiten beendet waren, hielt Göttrik es für besser, einen Krieg mit den Franken zu vermeiden. Auf seinen Wunsch bewilligte ihm der Kaiser 809 eine Zusammenkunft zu Beidenfleth an der Stör (im heutigen Kreis Steinburg), wo beide Herrscher mit ihren Großen erschienen; aber es kam zu keiner Einigung. Als dann entmutigt durch die Nähe des Kaisers die Abodriten das dänische Joch abschüttelten, rüstete Göttrik eine Flotte von mehreren hundert Schiffen und ließ 810 an der Küste Frieslands ein Heer landen. Die leichten Erfolge desselben gegen den friesischen Heerbann brachten im Ernst dem Kaiser keine Gefahr, und es war wohl ein müßiges Gerede, dass der Dänenkönig mit einem Zug nach Aachen gedroht habe, doch hielt es Karl für geboten, diese Residenz zu verlassen. Wenn man die schmähliche Art in Betracht zieht, mit welcher seine Nachfolger den Raubzügen der Normannen zur See vorzubeugen suchten, wird man noch größere Bewunderung für des Kaisers Tatkraft und Unternehmungslust fühlen, der sich damals beeilt hat, an den Küsten Galliens und Germaniens Schiffe zu bauen und Wachtposten einzurichten, um fernere Landungen der Dänen zu verhindern. Diesmal hatte der dänische Einfall in Friesland keine weiteren Folgen. Die Flotte kehrte bald heim. Doch hatte der Kaiser dem Gerücht, dass Göttrik begierig sei, sich mit den Franken in offener Feldschlacht zu messen, einigen Glauben geschenkt und war mit einem Heer bis zur Aller gerückt, wo er bei Verden ein Lager aufschlug. Hier traf ihn die Nachricht von der Ermordung Göttriks, die alle seine Besorgnisse zerstreuen musste.

Die bald darauf in Dänemark ausbrechenden Thronwirren hinderten nicht nur eine Erneuerung des Krieges seitens der Dänen, sondern der Kaiser wurde von der einen Partei sogar um Unterstützung gebeten und konnte 813 einen Frieden schließen, der seine sächsischen Eroberungen sicherte. Wenn wir trotzdem in demselben Jahr von einem Einfall der Normannen in Friesland hören, so hat der dänische Staat damit schwerlich etwas zu tun; vielmehr ist es eine vereinzelte Unternehmung normannischer Seeräuber, die wie im Süden die Mauren aus bloßer Raubsucht die Küsten des fränkischen Reiches beunruhigen. Allerdings geht daraus auch hervor, dass des Kaisers Maßregeln zum Schutz der Küsten noch lange nicht ausreichten. Als Bollwerk gegen Einfälle der Dänen hatte Karl schon 809 eine Feste an der Stör, das spätere Itzehoe, angelegt. Auch die Befestigung eines Grenzstrichs zwischen Eider und Schlei, die spätere dänische Mark, reicht wohl noch in Karls Zeit hinein.

Kapitel X.

Karls Stellung zu Byzanz

Um die Mitte des achten Jahrhunderts besaß das byzantinische Kaiserreich infolge der Eroberungen der Araber, Bulgaren und Slawen nur einen kleinen Teil seiner ehemals so zahlreichen Provinzen. In Asien war ihm nur Kleinasien und ein Teil von Armenien verblieben, in Europa Thracien bis zum Balkan und die Küstenlandschaften am Ägäischen Meer, ferner Epirus und ein Teil von Dalmatien am Adriatischen Meer, während die ausgedehnten Länder im Innern der griechischen Halbinsel von Bulgaren und Slawen besetzt waren. Seitdem Leo der Isaurier seine Edikte gegen die Verehrung der Heiligenbilder erlassen hatte, waren auch die Besitzungen in Italien zweifelhaft geworden. Nach dem Verlust des Exarchats von Ravenna an die Langobarden (752) gehörten nur Sizilien, Sardinien und Kalabrien den Byzantinern, außerdem die Oberhoheit über die langobardischen Fürstentümer Neapel, Gaëta und Amalfi. Der Papst war nur dem Namen nach ein Untertan des Kaisers, doch waren seine Besitzungen, die sich von Rom bis Ravenna ausdehnten, allerdings kein geschlossenes Ganzes bildeten, in Wirklichkeit unabhängig.

Nach dem Tod Kaiser Leos IV. (780) trat am Hof zu Byzanz insofern ein Umschwung ein, als die Kaiserin Irene, welche für ihren Sohn Konstantin VI. die Regierung führte, sofort Schritte zur Wiederherstellung des Bilderdienstes tat. Wenn dadurch das Verhältnis zum Papst ein freundschaftlicheres wurde, so fand auch 781 eine Annäherung an die Franken statt, welche zur Verlobung Konstantins mit Karls Tochter Rotrud führte. Da beide

Verlobte noch Kinder waren, so sollte die Vermählung erst nach Jahren stattfinden, doch erhielt die Prinzessin schon jetzt einen griechischen Lehrer, und auch ihre Umgebung wurde in der griechischen Sprache unterwiesen. Doch um das Jahr 787 wurde das Verlöbnis aufgelöst, wie es scheint, auf Wunsch beider Parteien. Bei der Lückenhaftigkeit der Überlieferung lässt sich der Anlass zum Bruch nur vermuten; Irene wollte wohl die Ansprüche Karls auf Benevent nicht anerkennen. Dass dann der im folgenden Jahr ausbrechende Krieg für die Byzantiner einen ungünstigen Ausgang hatte, haben wir schon oben gesehen.

Es kam zwar in den folgenden Jahren nicht zu offenen Feindseligkeiten gegen Byzanz, jedoch herrschte tiefe Spannung zwischen beiden Höfen. Deshalb ließ Karl 794 durch eine Synode zu Frankfurt die auf dem Konzil von Nicaea 787 zu Gunsten der Bilderverehrung gefassten Beschlüsse als ketzerisch verdammen und drang in den Papst, sich auch dagegen zu erklären. Dieser musste eine solche Vermutung ablehnen, da seine eigenen Legaten an jenem Konzil teilgenommen hatten, und erkannte nur die Auffassung des Königs als richtig an, dass ein Zwang zur Heiligenverehrung unstatthaft sei. Als wenige Jahre später die Kaiserin Irene ihren Sohn Konstantin, der inzwischen die Regierung selbst übernommen hatte, stürzte und blenden ließ, suchte sie sich Karl zu nähern und an ihm einen Rückhalt zu finden. So sehr der König auch die Grausamkeit der Kaiserin missbilligen musste, hatte er doch keinen Grund, die Annäherung der Byzantiner zurückzuweisen, es kam ihm vielmehr, als er zum Ende des Jahres 800 die Kaiserkrone in Rom annahm, alles darauf an, den byzantinischen Hof zur Anerkennung der neuen Würde zu veranlassen. In Byzanz hatte man in jenem Schritt Karls zunächst einen Akt der Feindseligkeit gesehen und erwartete, allerdings ohne Grund, die Landung der Franken in Sizilien. Irene wäre außer Stande gewesen, ihnen entgegenzutreten und beeilte sich deshalb 802 durch eine Gesandtschaft dem Kaiser ihre Freundschaft zu versichern. Dieser schickte seinerseits den Bischof

Jesse von Amiens und den Grafen Helmgaud nach Byzanz mit dem Auftrag, den auf Grund der gepflogenen Verhandlungen vereinbarten Frieden abzuschließen. Dass die fränkischen Gesandten zugleich den Auftrag gehabt, der Kaiserin die Hand Karls anzubieten, ist wenig wahrscheinlich, da sich in fränkischen Quellen darüber nichts findet. Doch Irene wurde schon im Oktober 802 von dem Großschatzmeister Nicephorus gestürzt, und dieser nahm selbst den Purpur.

So kehrte denn die fränkische Gesandtschaft 803 resultatlos zurück, und wenn auch der neue byzantinische Kaiser gleichfalls durch Gesandte über einen Frieden verhandelte, Karl sogar ein Exemplar des Vertrages unterzeichnet haben soll, so ist es zu einem förmlichen Abschluss damals noch nicht gekommen. Vielmehr ließ Nicephorus die Forderung Karls, ihn als Kaiser anzuerkennen, noch jahrelang unberücksichtigt. Beide kamen sogar bald darauf Venedigs halber in ernstliche Fehde. Als nämlich Karl d. Gr. Weihnachten 805 zu Diedenhofen verweilte, erschienen die beiden Dogen Obelierius und Beatus nebst Gesandten der Dalmatier und erklärten im Namen ihrer Länder die Unterwerfung unter fränkische Hoheit. Der Kaiser nahm die Huldigung an und wies Venedig dem Königreich Italien zu. Dadurch geriet er mit den Byzantinern in Konflikt, welchen von altersher die Herrschaft sowohl in Dalmatien, als auch in Venetien zustand. Deshalb wurde 806 eine byzantinische Flotte gegen die Dalmatier gesandt und erschien auch an der venezianischen Küste. Als sie die Blockade eröffnete, unterwarfen sich die Dogen, und Pippin blieb nichts übrig, als mit dem Befehlshaber der Byzantiner, dem Patrizius Nicetas, einen Waffenstillstand zu schließen. Der Abschluss des Friedens verzögerte sich noch mehrere Jahre; 810 traf eine Gesandtschaft der Byzantiner in Aachen ein, welche gegen Rückgabe von Venetien und Dalmatien die Anerkennung der Kaiserwürde Karls seitens des byzantinischen Hofes zugestand. Karl erwiderte die byzantinische Gesandtschaft durch eine fränkische, welche der Bischof Heito von Basel anführte und auch der Sizilianer Leo begleitete, der vor Jahren zu Karl geflüchtet war. Allein als die fränkischen Boten in Byzanz ankamen, fanden sie Nicephorus nicht mehr unter den Lebenden und an seiner statt seinen Schwiegersohn Michael auf dem Thron. Dieser ging auf die von seinem Vorgänger aufgestellten Friedensbedingungen ein und gab den fränkischen Boten bei ihrer Heimkehr seinerseits Gesandte mit, welche endlich 812 in Aachen den Frieden zum Abschluss brachten. Darin war dem fränkischen König der Kaisertitel zugestanden. In feierlicher Weise überreichte Karl den Gesandten die Friedensurkunde im Münster zu Aachen, und auch der Papst unterzeichnete sie in Rom, welches die Byzantiner auf dem Rückweg berührten. Um das von dem byzantinischen Kaiser ausgefertigte Friedensdokument entgegenzunehmen, fertigte Karl im Frühjahr 813 wiederum eine Gesandtschaft ab, an deren Spitze der Erzbischof Amalar von Trier stand. Diese traf allerdings erst nach dem Sturz des Kaisers Michael ein, fand aber dessen Nachfolger Leo V. geneigt, den Frieden unter deutschen Bedingungen abzuschließen und langte 814 kurze Zeit nach dem Tod des großen Kaisers im Frankenreich wieder an. Sie wurde von byzantinischen Gesandten geleitet, welche das Friedensdokument Ludwig dem Frommen überbrachten.

Man wird die Geduld bewundern, mit welcher Karl diese Verhandlungen geführt hat, andererseits aber auch die politische Klugheit, welche ihn davon zurückhielt, sich in unübersehbare Unternehmungen zu stürzen, wie es ein Krieg gegen Byzanz gewesen wäre. Da für ihn die Anerkennung seines Kaisertums wertvoller war als der Besitz einiger Landschaften in Unteritalien, so schonte Karl gewissenhaft die Trümmer der dortigen Besitzungen von Byzanz. Allerdings erwies sich dieses selbst nicht fähig, sich in Venetien zu behaupten, und so ging aus dem Wettstreit der beiden Nebenbuhler Venedig schließlich als Freistaat hervor.

Kapitel XI.

Karls Verhältnis zum Papst und zur Kirche

Die innigen Beziehungen, in welche Pippin der Jüngere das fränkische Königtum zum Papst gebracht hatte, sind von Karl d. Gr. aufrechterhalten und weiter entwickelt worden. Von den drei Päpsten, welche während Karls Regierung in Rom herrschten, war dieser dem ersten, Stephan III. nämlich, wenig näher getreten. Wenn derselbe auch als natürlicher Gegner der Langobarden immer zu den fränkischen Königen hielt, so stand er doch meist zu Karlmann in innigerem Verhältnis als zu seinem älteren Bruder. Doch er starb bald, und sein Nachfolger Hadrian I., welcher von 772-795 regierte, war nicht allein durch die Gemeinsamkeit der politischen Interessen, sondern durch innige Bande der Freundschaft an Karl geknüpft.

Schon seit der Zeit Konstantins des Großen hatte die römische Kirche allmählich durch Schenkungen eine Reihe von Besitzungen erhalten, welche in der Umgebung von Rom, in Toskana, Kampanien und sogar auf den italienischen Inseln zerstreut lagen. Sie standen unter der Oberhoheit des byzantinischen Kaisers, wurden aber vom Papst verwaltet. Als die Päpste während des Bilderstreites mit dem byzantinischen Hof zerfielen, hatten sich die Langobarden eines großen Teiles ihrer Besitzungen bemächtigt, und Papst Stephan II. hatte bekanntlich, um jenen die Beute zu entreißen, die Hilfe Pippins in Anspruch nehmen müssen. Dieser sicherte im Frühjahr 754 zu Quiersy dem Papst die Wiedergabe des von den Langobarden ihm entrissenen Gebietes zu und vollführte die Versprechen 756 in Pavia, nachdem er mit den Langobarden Frieden geschlossen hatte. Damals schenkte er der römischen Kirche den Exarchat von Ravenna und die so genannte Pentapolis am Adriatischen Meer, d. h. fünf Städte mit ihrem Gebiet, unter denen Rimini die bedeutendste war. Obwohl die damals ausgestellten Urkunden verloren sind und unsere Kunde davon hauptsächlich auf Stephans Lebensbeschreibung beruht, so ist die Tatsache nicht zu bestreiten. Daneben besaß der Papst schon seit längerer Zeit die ehemals byzantinischen Herzogtümer Rom und Perugia, da während des Bilderstreites das Amt des Herzogs daselbst auf ihn übergegangen war.

Karl d. Gr. hat nun, als er während der Belagerung von Pavia im April 774 nach Rom kam, dem Papst Hadrian I. eine neue Schenkungsurkunde ausgestellt, die leider auch verloren ist. Die Inhaltsangabe derselben in der Biographie Hadrians hat wegen des Umfanges der dortigen Verleihungen allgemeines Misstrauen erregt. Es heißt darin, Hadrian habe den König gebeten, jenes Versprechen zu erfüllen, das sein Vater Pippin und er selbst mit seinem Bruder Karlmann dem Papst Stephan geleistet, nämlich die Städte und Landschaften der Provinz Italien dem römischen Stuhl zu überweisen. Karl habe sich die in Quiersy ausgestellte Schenkungsurkunde vorlesen lassen und seinen Kaplan und Notar Etherius beauftragt, eine neue aufzusetzen, in welcher er dieselben Städte und Gebiete der römischen Kirche zu übergeben versprach, wie sie in der ersten Verleihung angegeben waren. Die Biographie gibt für diese Besitzungen folgende Grenzen an: Luni, Sarzana, Monte-Bardone, Berceto, Parma, Reggio, Mantua und Menselice; ferner sollen dazu Korsika, der ganze Exarchat von Ravenna, die Provinzen Venedig und Istrien und die Herzogtümer Spoleto und Benevent gehört haben. Nun ist aber neuerdings nachgewiesen, dass die letzterwähnte Grenzbestimmung ein späterer Zusatz ist, und dass sich Karls Schenkungsversprechen nur auf die so genannte byzantinische Provinz Italien bezieht, welche den Exarchat von Ravenna und das Herzogtum Rom umfasste. Danach hätte Karl die Pippinische Schenkung keineswegs erweitert, vielmehr das in Pippins Urkunde gegebene Versprechen nur erneuert. Für den Papst war auch dies schon ein Gewinn, da er noch immer nicht in den völligen Besitz der ihm überwiesenen Landschaften gekommen war.

Im Exarchat hatte er einen Nebenbuhler in der Person des Erzbischofs Leo von Ravenna, welcher einen großen Teil jenes ehemals byzantinischen Gebietes besetzt hielt. Leo berief sich auf eine Schenkung Karls über diesen Besitz, und es gelang dem Papst nicht, ihn daraus zu verdrängen. Es verging fast ein Jahrzehnt, ehe der Papst in den Besitz des ganzen Exarchats kam. Auch dann herrschte er darin nicht unumschränkt, sondern der König behielt sich die Aufsicht über die Verwaltung vor. So ließ ihm Karl später den Befehl zugehen, dem Sklavenhandel daselbst zu steuern, und der Papst musste die venezianischen Kaufleute, welche denselben vornehmlich betrieben, aus Ravenna und der Pentapolis ausweisen. Man kann es Hadrian nicht verargen, dass er seinen Unwillen über jene Zurücksetzung in seinen an Karl gerichteten Briefen durchblicken lässt, obwohl ihm das Gefühl seiner Abhängigkeit große Rücksicht auferlegte. Karl jedoch ließ sich in seiner Freundschaft zum Papst nicht beirren, wenn er auch im Interesse der fränkischen Herrschaft in Italien dessen übertriebene Forderungen nicht gewähren konnte.

Auf seinem zweiten Zug nach Italien 776 war Karl trotz der Bitten des Papstes nicht nach Rom gekommen. Erst 781 erschien er da und suchte den Papst durch die Verheißung des Sabinerlandes günstig zu stimmen. Hier handelte es sich nur um die Kirchengüter in jener Gegend, und ihre wirkliche Überlassung wurde von einer Untersuchung der päpstlichen Ansprüche im Einzelnen abhängig gemacht. Wahrscheinlich hat damals eine neue Bestätigung der Pippinschen, nun erweiterten Schenkung stattgefunden, obwohl die Urkunde Ludwigs des Frommen, aus der man dies schließt, formell sehr verdächtig ist. Man stößt hier eben Schritt für Schritt auf Fälschungen, welche nicht allein das begründen sollten, was die römische Kirche schon besaß, sondern was sie zu erwerben wünschte. Charakteristisch ist auch eine gefälschte Urkunde, die zwischen 752 und 777 entstanden ist und als Beweis dafür dienen will, dass schon Kaiser Konstantin dem Papst Sylvester I. jene Zuwendungen gemacht habe.

Im Winter 786-87 finden wir Karl wiederum in Rom; seine Absicht war, Benevent zur Unterwerfung zu bringen. Dies gab dem Papst Gelegenheit, mit seinen Ansprüchen auf mehrere Städte in diesem Fürstentum, darunter auf Capua, hervorzutreten. Der König ging im Wesentlichen auf seine Wünsche ein und scheint ihm damals auch einige Orte in Toskana, z.B. Viterbo überlassen zu haben. Als dann im folgenden Jahr Grimoald das Fürstentum Benevent übertragen wurde, konnte sich Karl nicht entschließen, die von Hadrian beanspruchten Orte auszuliefern. Sein Bevollmächtigter übergab den päpstlichen Gesandten nur die bischöflichen Gebäude und Klöster in einigen Orten und wohl nur der Form halber die Schlüssel der Städte, dagegen die Regierung überließ er dem Fürsten.

Am Weihnachtstag 795 starb Hadrian und erhielt schon am folgenden Tag in Leo III. einen Nachfolger. Wie uns Einhard erzählt, war der König über diesen Trauerfall so betrübt, als hätte er seinen Sohn oder den teuersten Bruder verloren. Eine Grabschrift ließ er in goldenen Buchstaben in einen Marmorblock meißeln und in Rom aufstellen, wo sie heute noch in der Peterskirche zu sehen ist. Der gelehrte Alkuin war ihr Verfasser. Papst Leo teilte dem König seine Wahl, die einstimmig erfolgt war, mit, gelobte Gehorsam und Treue und sandte ihm die Schlüssel zum Grab des heiligen Petrus und das Banner von Rom. Einhard erzählt, dass Leo auch den König aufgefordert habe, durch einen Gesandten den Römern den Huldigungseid abnehmen zu lassen. Im Lateranpalast zu Rom, wo Leo III. später einen Speisesaal erbauen ließ, befindet sich ein Mosaikbild, das damals hergestellt wurde und selbst den Verfall des Palastes überdauert hat. Dasselbe stellt den heiligen Petrus sitzend dar, ihm zur Seite knien rechts Papst Leo, links Karl d. Gr., dessen

Fig. 2.

Petrus überreicht Karl die Fahne von Rom und dem Papste die Stola.
(Mosaikbild im Lateran. Nach Stacke, Deutsche Geschichte I.)

Haupt die Krone schmückt. Jenem überreicht Petrus das Pallium, diesem die Fahne der Stadt Rom; darunter befindet sich eine lateinische Inschrift des Inhalts: „Seliger Petrus, Du schenkst das Leben dem Papst Leo, den Sieg dem König Karl." Gegenüber diesem Bild befand sich einst in dem ehemaligen Speisezimmer ein anderes, welches Christus, umgeben vom Apostel Petrus und dem Kaiser Konstantin, darstellte. Diese Zusammenstellung beweist, wie hoch man damals Karl d. Gr. in Rom schätzte.

Der König sandte darauf seinen Vertrauten Angilbert mit einem Schreiben an den Papst, in welchem er es als seine Pflicht bezeichnet, die heilige Kirche Christi nach außen gegen die Angriffe der Heiden und Ungläubigen zu schützen und im Innern durch die Anerkennung des katholischen Glaubens zu befestigen. Dem Papst liege es ob, Gott um Sieg über die Feinde der Christenheit zu bitten. Wenn Karl ihn dann ermahnt, durch seinen Lebenswandel der Welt ein gutes Beispiel zu geben, wird es recht offenbar, dass er sich selbst eigentlich für das sichtbare Oberhaupt der Christenheit, den Papst nur für ihren obersten Seelsorger hält. Dass diese Abhängigkeit des Papstes von Karl noch gesteigert wurde, dazu haben die folgenden Ereignisse erheblich beigetragen. Leo III. war, so lange er lebte, in Rom nicht beliebt, nicht allein weil er in rücksichtsloser Weise zu Gütereinziehungen schritt, sondern auch weil sein Privatleben nicht fleckenlos war. Wohl mögen die Verbrechen, deren man ihn angeklagt hat, wie Sittenlosigkeit und Meineid, übertrieben sein, die Vorsicht aber, welche Alkuin bei der Erörterung dieser Anklagen in einem Brief an den Erzbischof von Salzburg beobachtet, deutet darauf hin, dass dem Papst arge Dinge vorgeworfen wurden, die man nicht weiter bekannt werden lassen wollte. Jedenfalls bildete sich eine Partei gegen Leo, an deren Spitze zwei hohe päpstliche Beamte, Paschalis und Campulus, standen. Am 25. April 799 überfielen die Verschworenen den Papst, welcher sich von seinem Palast im Lateran zu Pferd zu der Kirche des hl. Laurentius begab, rissen ihn zu Boden und misshandelten ihn. Dagegen ist es ein albernes Märchen, dass er damals geblendet und der Zunge beraubt, dann aber durch ein Wunder völlig wiederhergestellt worden sei. Die Empörer setzten den Papst in einem Kloster fest, doch dieser entkam mit Hilfe eines treuen Dieners in die Peterskirche und wurde von dem inzwischen herbeigeeilten Herzog von Spoleto gerettet.

Der Papst trat alsdann die Reise nach Sachsen an, wo er Karl zu treffen erwartete. Dieser war bemüht, denselben mit allen seinem Rang zukommenden Ehren zu empfangen; er schickte ihm zuerst den Erzbischof von Köln, dann seinen Sohn Pippin, König von Italien, entgegen und bereitete ihm in Paderborn einen glänzenden Empfang. Obwohl er eine Untersuchung über die gegen den Papst erhobenen Anklagen anzustellen beschloss, trug er kein Bedenken, ihn schon jetzt in sein Amt wieder einzusetzen, vermutlich weil er jene Vorwürfe für übertrieben hielt. Er ließ ihn durch seine Königsboten, darunter die Erzbischöfe von Köln und Salzburg, nach Rom geleiten, wo sich inzwischen, dank dem gewalttätigen Auftreten der Empörer, ein Umschwung in der öffentlichen Meinung vollzogen hatte. Leo hielt Ende November daselbst seinen Einzug, festlich vom Volk und Adel empfangen. Die fränkischen Königsboten stellten darauf eine Untersuchung an, nahmen die Aufrührer, als diese ihre Anklagen gegen den Papst nicht belegen konnten, fest und schickten sie an Karls Hof. Dieser trat im Herbst des Jahres 800 eine neue Romfahrt an. Während er in Ravenna seinem Sohn Pippin den Oberbefehl über das gegen Benevent bestimmte Heer übertrug, zog er selbst über den Apennin nach Rom. Bis Mentana, wenige Meilen vor der Stadt, kam ihm der Papst entgegen und begrüßte ihn mit großer Ehrfurcht. Dann kehrte er nach Rom zurück, um die Einwohner zum würdigen Empfang des Herrschers vorzubereiten. Am 24. November fand dann der Einzug Karls statt, der sich sogleich zu der Peterskirche begab, an deren Tor ihn Leo, umgeben von der ganzen Geistlichkeit, erwartete. Karl stieg vom Pferd und begab sich an der Seite des

Papstes in die Kirche, während die versammelte Menge einen Lobgesang anstimmte. Einige Tage später eröffnete der König eine Synode, an welcher außer der hohen Geistlichkeit auch die fränkischen Großen und Angehörige des römischen Volkes teilnahmen, und stellte darin eine Untersuchung der gegen den Papst erhobenen Beschuldigungen an. Es wird erzählt, dass jetzt niemand gegen denselben aufzutreten wagte; doch veranlasste der König Leo jeden Verdacht durch einen Reinigungseid zu vernichten. Der Papst bestieg am 23. Dezember, in der Hand das Evangelium, den sog. Ambo, eine Art Kanzel in der Peterskirche, und leistete vor dem Volk einen Eid folgenden Inhalts: „Ich, Leo, Papst der heiligen römischen Kirche, bekenne aus freiem Willen mich vor Gott, der mein Gewissen kennt, und dem heiligen Petrus rein von den gegen mich erhobenen Anklagen; dies tue ich nicht, als ob es die Kirchengesetze verlangen, noch will ich damit für meine Nachfolger einen Präzedenzfall schaffen.“

Zwei Tage später erfolgte, wie wir unten sehen werden, die Kaiserkrönung. Karl ließ alsdann die Empörer zum Tode verurteilen, begnadigte sie aber auf Wunsch des Papstes zur Verbannung. Erst Ende April des folgenden Jahres trat er die Rückreise an. Leo ist 804 noch einmal über die Alpen gekommen, um Karl zu besuchen. Den wahren Grund dieser Reise kennen wir nicht, denn die Ordnung der Befugnisse der Patriarchen von Aquileja und Grado, welche bei dieser Gelegenheit vorgenommen wurde, gibt dafür keine genügende Erklärung. Der Kaiser sandte seinen Sohn Karl dem Papst bis St. Maurice (im heutigen Kanton Wallis) entgegen, und dieser geleitete den hohen Kirchenfürsten nach Reims, wo ihn der Kaiser erwartete. Beide verlebten dann das Weihnachtsfest in der alten Pfalz zu Quiersy an der Oise und begaben sich von dort nach Aachen. Damals soll Leo die Altäre des Kloster St. Martin in Köln geweiht haben. Mitte Januar trat er den Rückweg durch Bayern an.

Die Abhängigkeit, in welche der Papst von Karl geriet, wurde noch gesteigert nach der Kaiserkrönung, worauf wir in anderem Zusammenhang näher eingehen werden. Aber gleich seinem Vater und Oheim hat es Karl von jeher zu den Obliegenheiten seines Herrscheramtes gerechnet, die Reinheit der christlichen Lehre aufrecht zu erhalten. Damals war in Spanien die Lehre verbreitet worden, dass Christus als leiblicher Sohn der Jungfrau Maria nicht ein Sohn, sondern nur ein Adoptivsohn Gottes sei. Besonders der spanische Bischof Felix von Urgel (in der Provinz Lerida) und der Erzbischof Elipandus von Toledo vertraten diese Ansicht durch Wort und Schrift und fanden viele Anhänger. So unwesentlich manchem heute jene Abweichung von der Lehre des apostolischen Glaubensbekenntnisses erscheinen mag, so legte doch Karl und die damalige Kirche großen Wert darauf und letztere sicherlich mit Recht, weil ihre Macht auf der Einheit des Glaubens und der Unantastbarkeit des Dogmas beruhte. Deshalb berief Karl 792 eine Synode nach Regensburg, wohin auch Felix geladen war. Derselbe wurde von den anwesenden Geistlichen von seinem Irrtum überzeugt und leistete mündlich und schriftlich Widerruf. Auch in Rom, wohin er darauf geschickt wurde, bekräftigte er seine Umkehr zum alten Glauben durch einen Eid und legte die Schrift, in welcher er seine frühere Lehre verdammte, am Grab des heiligen Petrus nieder. Doch als er in seine Heimat zurückgekehrt war, bekannte er sich wieder zu seiner früheren Ansicht und fand bei dem Erzbischof von Toledo kräftige Unterstützung. Dieser verfasste zum Beweis seiner Lehren eine Schrift, die er an König Karl übersandte, und bat ihn Felix wieder in sein Bistum einzusetzen. Der König veranstaltete darauf 794 eine Synode in Frankfurt a. M., auf welcher er selbst die einander widerstreitenden Ansichten über das Verhältnis Christi zu Gott auseinandersetzte. Nach sorgfältiger Erörterung der von dem Erzbischof von Toledo in seiner Schrift beigebrachten Gründe verurteile die Synode nochmals seine Lehre als Ketzerei und legte ihre Ansicht in mehreren Schriften nieder, welche an Elipandus abgesandt wurden. Auch der König teilte diesem mit, weshalb er die bisherige Lehre der Kirche als die allein richtige anerkennen müsse, und warnte die spanischen Bischöfe, sich von der römischen Kirche zu trennen, weil sie dann nicht darauf rechnen könnten, dass er jemals Schritte zu ihrer Befreiung vom Joch der Araber tun werde. Alkuin hat später nochmals versucht, in Güte Felix von der Irrigkeit seiner Ansichten zu überzeugen. Als aber dieser darauf eine ausführliche Erwiderung schrieb, versammelte der König im Jahr 799 in Rom eine Synode, welche die Grundlosigkeit der Behauptungen des Felix nachwies. Auch berief er gegen Zusicherung freien Geleites diesen nach Aachen und ließ ihn dort in einem Religionsgespräch mit Alkuin seine Meinung auseinandersetzen. Hier hat er nochmals seine Irrlehre widerrufen müssen und seine Anhänger in Spanien aufgefordert, zur alten Lehre zurückzukehren. Wie sehr der König sich für diese Angelegenheit interessiert hat, geht daraus hervor, dass er eine große Streitschrift, welche Alkuin über diesen Punkt damals verfasste, durchstudierte und nach seinen Vorschlägen abändern ließ.

Noch ein zweites Mal ist Karl zu Gunsten des katholischen Dogmas aufgetreten. Die fränkische Kirche lehrte, dass der heilige Geist nicht allein vom Vater, sondern auch vom Sohn ausgegangen sei, und hatte darauf bezügliche Ausdrücke in ihre Litaneien aufgenommen. Im Jahr 808 wurden nun die fränkischen Mönche des Klosters auf dem Ölberg bei Jerusalem wegen dieser Ansicht, dass nämlich der heilige Geist auch von Christo ausgesandt sei, angegriffen und wandten sich um Aufklärung über diese Lehre an Papst Leo. Auf ihren Wunsch trat dieser mit dem Kaiser in Verbindung. Dieser ließ durch den Bischof Theodulf von Orleans eine Schrift über den Streitpunkt abfassen und legte diese Frage der Synode zu Aachen vor, welche er im November 809 berief. Da es hier zu keiner Entscheidung kam, veranlasste der Kaiser den Papst, sein Votum abzugeben. Derselbe veranstaltete 810 in der Peterskirche eine Disputation mit mehreren Bischöfen, welche Karl dazu abgeordnet hatte, und entschied, dass in das Glaubensbekenntnis jener Zusatz nicht aufzunehmen sei, wenn er ihm sonst auch gerechtfertigt schien. Wahrscheinlich hielt er es für gefährlich, an dem Wortlaut des Dogmas zu rütteln.

In seinen letzten Lebensjahren hat Karl den kirchlichen Angelegenheiten noch ausschließlicher seine Aufmerksamkeit zugewandt, da er darin eine der Hauptaufgaben seines kaiserlichen Amtes sah. In einem Rundschreiben, das er etwa 812 an die Erzbischöfe des ganzen Reiches erließ, ermahnte er sie zum Eifer für die Sache der Kirche und verlangte von ihnen Auskunft darüber, welche Lehren über das Sakrament der heiligen Taufe in ihren Sprengeln verbreitet würden. Von den Antworten der Erzbischöfe sind mehrere noch erhalten. Der Kaiser wollte sich nämlich überzeugen, ob überall in der Geistlichkeit dieselbe Auffassung über die Taufe herrsche und dem Volk mitgeteilt werde.

Schon auf der Aachener Synode von 809 hatte Karl Maßregeln vorbereitet, um eine Besserung der Kirchenzucht zu erzielen. Damals waren die Beratungen resultatlos gewesen. Im Jahre 813 nahm er diese Angelegenheit energischer in Angriff; er verfügte die Berufung von fünf Konzilien, die sich in Mainz, Reims, Tours, Chalon an der Saône und in Arles versammeln sollten. Ihre Leitung übertrug er den würdigsten Erzbischöfen, auch angesehene Laien sollten daran teilnehmen. Der Kaiser hatte die kirchlichen Fragen, die hier zur Beratung kommen sollten, selbst vorgeschlagen. Ein wichtiger Gegenstand war die Ordnung des Pilgerwesens, da unter dem Vorwand der Pilgerfahrt nach Rom oder nach mehreren heiligen Stätten im Frankenreich, wie z.B. Tours oder St. Denis, mancherlei Gesindel das Land durchzog und die öffentliche Mildtätigkeit in Anspruch nahm. Ja, bisweilen wählten Händler das Pilgergewand, um für ihre Waren Zollfreiheit zu genießen. Karl selbst war von dem Wert der Wallfahrten überhaupt innig überzeugt, bemühte sich aber damals, dem eingerissenen Missbrauch entgegenzutreten.

Im Herbst 813 wurden die Beschlüsse jener fünf Konzilien auf dem Reichstag in Aachen zusammengestellt und vom Kaiser bestätigt. Weder der Papst, noch die hohe Geistlichkeit im Frankenreich sah in der Behandlung kirchlicher Fragen durch den Kaiser einen Eingriff in ihre Rechte. Ja, die Geistlichen, welche daselbst den Vorsitz führten, galten nicht als Vertreter des Papstes, sondern als königliche Sendboten. Damit war dem Papst auch in kirchlicher Beziehung erst die zweite Stellung im Reich zugewiesen.

Kapitel XII.

Karls universale Stellung und die Kaiserkrönung

Das fränkische Reich hatte weit über die Grenzen des Abendlandes hinaus eine maßgebende Stellung erworben. Karl betrachtete sich als Vorkämpfer der Christenheit gegen die heidnischen Völker und glaubte, dass seine Siege über diese seinen christlichen Nachbarn zu gute kommen müssten. Deshalb ließ er an den im Krieg gegen die Avaren erworbenen Schätze die Angelsachsen teilnehmen. Er übersandte nämlich dem König Offa von Mercia ein Schwert nebst Gürtel und zwei seidene Mäntel, damit auch er die göttliche Gnade, welcher der Sieg zu danken sei, preise. Mit Offa hielt Karl die Freundschaft aufrecht, obwohl er ihn nicht für wert erachtete, die Hand seiner Tochter Bertha zu empfangen.

Selbst bis in den Orient erstreckte sich Karls Einfluss. Der Patriarch von Jerusalem bemühte sich um seinen Schutz und übersandte ihm im Jahr 799 Reliquien vom Grab des Herrn, was Karl durch Spenden von reichen Geschenken, die an den heiligen Stätten niedergelegt werden sollten, erwiderte. Im folgenden Jahr erschienen an Karls Hof zwei Mönche aus Jerusalem, welche im Auftrag des Patriarchen den Schlüssel zum heiligen Grab, zur Stadt Jerusalem und dem Berg Zion nebst einer Fahne überbrachten, zum Zeichen, dass der Patriarch den Frankenkönig als Schutzherrn der heiligsten Stätte der Christenheit betrachtete. Karl hat sich dieser Aufgabe mit Freudigkeit gewidmet, unterstützte die christliche Gemeinde in Jerusalem, sammelte Almosen zur Wiederherstellung der dortigen Kirchen und unterhielt ein Hospital für Pilger romanischer Nation im Tal Josaphat. Ja, er soll zu Gunsten der Christen Palästinas die Erhebung einer Abgabe von einem Denar pro Hufe in seinem Reich angeordnet haben.

Nicht minder hochherzig nahm er sich der Christengemeinden in Alexandria und Karthago an und bemühte sich um die Freundschaft der Kalifen von Bagdad, vornehmlich, wie Einhard sagt, aus dem Grund, weil er das Los der unter ihrer Herrschaft lebenden Christen erleichtern wollte. Wie sein Vater schon hatte sich auch Karl den Abbassiden genähert, weil sie die natürlichen Gegner der in Spanien herrschenden Ommijaden waren. So schickte er um 797 eine Gesandtschaft, an welcher auch der Jude Isaak, wahrscheinlich als Dolmetscher, teilnahm, nach Bagdad. Der dort herrschende Kalif Harun al Raschid bereitete den Gesandten einen ehrenvollen Empfang und gab ihnen reiche Geschenke für ihren Herrn mit. Doch da jene auf der Reise starben, konnte nur Isaak die Gaben überbringen. Er landete im Oktober 801 im Golf von Spezia und erschien im nächsten Sommer an Karls Hof zu Aachen. Unter den Geschenken wird besonders ein Elefant erwähnt, der im Frankenreich, wo man nie ein solches Tier gesehen hatte, wegen seiner kolossalen Gestalt allgemeine Bewunderung erregte. Er führte den Namen Abul Abbas; selbst ein so aufgeklärter Mann wie Einhard schenkte ihm solche Aufmerksamkeit, dass er später, mitten in einer historischen Darstellung, seinen Tod erwähnt. Isaak hatte auf der Rückreise auch den arabischen Statthalter Ibrahim Ibn Alaghlab in Karthago besucht und dessen Freundschaft erworben. Schon vor seiner Ankunft war ein arabischer Gesandter vor Karl, der sich damals in Oberitalien aufhielt, erschienen, doch erfahren wir von dem Inhalt seiner Botschaft nichts. Karl erwiderte diese Gesandtschaft 802 durch eine andere, an deren Spitze der Franke Radbert stand. Wir lesen, dass dieselbe die Aufgabe hatte, die Zustimmung des Kalifen dazu einzuholen, dass Karl das heilige Grab in Jerusalem in seine Obhut nehme. Als die Gesandtschaft 806 nach Italien zurückkehrte, folgte ihr als Gesandter des Kalifen der Araber Abdallah und zwei Mönche, welche der Patriarch von Jerusalem entsandt hatte. Sie trafen im folgenden Jahr in Aachen ein und überbrachten dem Kaiser prachtvolle Geschenke, darunter einen Pavillon von ungemeiner Größe und Schönheit, dessen Vorhänge aus bunt gefärbter Baumwolle gewebt waren. Besonders kunstvoll hergestellt war eine Wasseruhr aus Messing, welche die Stunden dadurch anzeigte, dass eherne Kugeln auf darunter befindliche Becken fielen, worauf eherne Reiter aus Fenstern, die sich im Uhrgehäuse öffneten, heraussprangen. Einhard erwähnt unter den übrigen Geschenken, die meist aus seidenen Gewändern, Wohlgerüchen und Balsam bestanden, noch zwei Messingleuchter von ausgezeichneter Größe und Form. Wertvoller als diese Geschenke wäre die Abtretung der heiligen Stätten in Jerusalem an den Kaiser gewesen, die nach Einhard damals erfolgt sein soll; doch bedeuten dessen Worte schwerlich mehr, als dass der Kalif den unmittelbaren Verkehr mit den Christen in Jerusalem dem Kaiser gestattete.

So dehnte sich Karls Arm über den größten Teil der damals bekannten Erde aus. Obwohl er schon lange die Titel König der Franken und Langobarden und Patrizius der Römer führte, so entsprachen diese dem Umfang seiner Macht durchaus nicht. Nur wenige Jahrhunderte waren verflossen, seitdem der römische Kaiser in allen Landen, die jetzt zum fränkischen Reich gehörten, geherrscht hatte. Das Kaisertum, das zu Karls Zeit noch in Konstantinopel bestand, war nur ein Schattenreich, das sein Dasein oft nur durch Tribut an Araber und Bulgaren fristete. Am Ende des 8. Jahrhunderts war dasselbe übrigens erledigt, denn nach dem Sturz Konstantins führte Irene das Zepter, konnte aber als Frau unmöglich die Nachfolgerin der römischen Imperatoren sein. Am Hof Karls lebte man in den Anschauungen der Blütezeit des römischen Kaiserreichs, deren Schriftsteller man las und sich zum Vorbild nahm. Deshalb ist es auch wahrscheinlich, dass der Gedanke, Karl zum Kaiser zu erheben, zuerst in diesem Kreis entstanden ist.

Schon 799 begannen in Rom Verhandlungen mit dem Papst und der dortigen Bevölkerung. Dieser war es kein ungewohnter Gedanke, einen Franken mit dem Diadem geschmückt zu sehen. Hatten doch 741 die Häupter des römischen Adels an Karl Martell ein förmliches Dekret gesandt, in welchem sie erklärten, dass das römische Volk sich von der Herrschaft des bilderstürmenden Kaisers in Byzanz lossage und sich der Seinigen anvertrauen wolle. Vor Karls Krönung soll nun auch ein förmlicher Beschluss vom Papst, der römischen Geistlichkeit und dem Volk gefasst sein, welchem sich Karl in Demut gefügt habe; doch tritt diese Nachricht nur vereinzelt auf und muss demnach mit Vorsicht aufgenommen werden. Immerhin hatte die freudige Aufnahme, welche Karls Erhebung zum Kaiser bei der römischen Bevölkerung fand, ihre guten Gründe. Aber auch die Franken waren dem Plan geneigt, weil es wertvoll war, dass die Christenheit ebenfalls einen Oberherrn habe, wie die Mohammedaner in ihrem Kalifen. Auch Karl stand dem Plan nicht feindlich gegenüber, wenn er auch durch die Krönung selbst überrascht gewesen sein soll. Wie die damaligen Gelehrten betrachtete er das römische Reich als noch bestehend, aber als verwaist, seitdem die oströmischen Herrscher so tief gesunken waren. Doch hoffte er durch Verhandlungen mit Byzanz in friedlicher Weise die kaiserliche Würde zu erlangen. Allein bevor die Kaiserin Irene ihre Einwilligung überhaupt geben konnte, führte die Ungeduld der Franken und der Römer die Entscheidung herbei.

Am Weihnachtstag des Jahres 800, es war an einem Freitag, hörte Karl die Messe in der Peterskirche. Als er vor dem Altar der so genannten Konfession des heiligen Petrus gebetet und sich von den Knien erhoben hatte, setzte ihm Papst Leo III. eine goldene Krone aufs Haupt. Alsbald rief das umstehende Volk: „Leben und Sieg Karl dem Augustus, dem von Gott gekrönten, großen und Friede bringenden Kaiser der Römer!“ Alsdann kniete der Papst, wie es seit Diocletians Zeiten gegenüber dem römischen Kaiser Sitte war, vor Karl nieder und huldigte ihm.

Darauf krönte er noch den jüngeren Karl mit der Königskrone, der zwar 789 das Herzogtum Maine, aber nicht gleich seinen Brüdern den Königstitel empfangen hatte. Wahrscheinlich hat der Papst den neuen Kaiser auch gesalbt. Karl beschenkte die Peterskirche und andere Kirchen Roms reichlich, unter anderem mit einer schön verzierten Krone, die über dem Altar aufgehängt wurde.

Es ist nicht auffallend, dass der Papst jenen denkwürdigen Schritt aus freien Stücken getan hat. Schon seit Jahrzehnten nahm er im Abendland die zweite Stelle ein und musste in politischer, wie kirchlicher Beziehung Karls Überlegenheit anerkennen. Durch die Krönung sagte er sich nun völlig von Ostrom los, hoffte aber den neuen Kaiser, dessen kräftigen Schutz er erfahren hatte, sich noch mehr geneigt zu machen. Für ihn war außerdem bestimmend, dass Karl die Stadt Rom besaß, und dass es in Byzanz keinen Kaiser gab. Er, sowie seine Zeitgenossen, betrachteten das römische Reich als ein einheitliches, wie ja selbst im 4. Jahrhundert die Doppelherrschaft nur aus administrativen Rücksichten entstanden war. Allerdings ließ sich diese Auffassung auf die Dauer nicht aufrechterhalten. Als in Byzanz nach Irenes Sturz ein neuer Kaiser erhoben wurde, nahm Karl das Kaisertum nicht für sich allein in Anspruch, sondern strebte nur danach, von jenem als gleichberechtigt anerkannt zu werden. Trotzdem war damit tatsächlich eine Teilung des alten römischen Kaiserreiches eingetreten.

Im späteren Mittelalter kehrt, vornehmlich in päpstlichen Schriften, die Auffassung wieder, dass Leo das Kaisertum den Griechen förmlich entzogen und auf die Deutschen übertragen habe. Doch tritt diese Anschauung erst hervor in einer Dekretale des Papstes Innocenz III. vom Jahr 1201 und ist daraus in spätere Bullen und Chroniken übergegangen. Zu Karls Zeiten rechnete sich der Papst die Erhebung des fränkischen Königs zum Kaiser nicht als besonderen Verdienst an. Ja, seine Mitwirkung hielt Karl bald darauf für völlig überflüssig, denn sein Sohn Ludwig musste sich 813 in Aachen die Kaiserkrone selbst aufs Haupt setzen; damals brauchte man weder den Papst, noch die Stadt Rom zu dieser Rangerhöhung.

Karl hat seine Residenz nicht nach Rom verlegt, vielleicht weil er sich nicht der fränkischen Heimat entfremden wollte, sodann weil es dem Ansehen des Papstes geschadet hätte. Doch ließ sich der Kaiser in Rom durch einen ständigen Königsboten vertreten. Die Rechte, welche Karl als Patrizius in Rom besaß, sind seit Erlangung der neuen Würde wesentlich erweitert worden. Der Papst und das römische Volk mussten ihm einen Eid der Treue leisten. Auch gewann er einen Einfluss auf die Einsetzung eines neuen Papstes. Die Wahl bleibt zwar frei, ihre Gültigkeit hing aber von der Zustimmung des Kaisers ab; außerdem fand die Weihe des Papstes in Gegenwart kaiserlicher Sendboten statt. Der Kaiser konnte in die päpstliche Verwaltung und Gerichtsbarkeit eingreifen, und nur, wenn sich dessen Beamte große Übergriffe erlaubten, lesen wir von Beschwerden des Papstes.

Der Kaiser betrachtete fortan sein Verhältnis zu den Untertanen des ganzen Reiches als ein innigeres, glaubte auf noch strikteren Gehorsam Anspruch erheben zu dürfen und ließ deshalb durch seine Sendboten, die er im März 802 in alle Gaue schickte, den Eid der Treue von allen männlichen Personen vom 12. Jahr ab entgegennehmen. Darin wurden den Untertanen zu den bisherigen Pflichten (den Kaiser zu schützen, so lange er lebe, und keinem Feind Vorschub zu leisten) noch andere hinzugefügt, die einen religiösen oder wenigstens moralischen Charakter tragen. Jeder sollte schwören, Gottes Gebote zu halten, die Kirche, Witwen und Waisen zu schonen, den Besitz des Kaisers nicht zu verringern, dem Heerbann zu gehorchen und jedem Befehl des Kaisers sich zu fügen. Aber auch Karl glaubte, seine Pflichten als Herrscher durch die neue Würde gesteigert; er meinte, Gott habe ihn deshalb erhöht, damit er die ganze Christenheit schütze. Er ließ sich deshalb die Förderung des religiösen Lebens, die Besserung der Kirchenzucht angelegen sein und traf andererseits Maßregeln, um Recht und Ordnung im Reich aufrecht zu erhalten. Deshalb ist jene Sendung von kaiserlichen Boten, aus geistlichem und weltlichem Stand, im Jahr 802 erfolgt, die sich überzeugen sollten, ob die Zustände im kirchlichen und Staatsleben den Anordnungen und Anschauungen des Kaisers entsprachen. Für sie fasste Karl eingehende Instruktionen ab, die uns noch erhalten sind.

Auf der Reichsversammlung, die zugleich mit einer Synode im Oktober 802 in Aachen stattfand, wurden die begonnenen Reformen weitergeführt. Dort wurde der Geistlichkeit eine Sammlung der Kirchengesetze und der päpstlichen Dekrete mitgeteilt und den Äbten die Regel des hl. Benedikt eingeschärft, welche sie in ihren Klöstern aufrecht erhalten sollten. Zugleich wurde eine Revision der alten Volksrechte beschlossen und die Aufzeichnung der noch nicht schriftlich festgestellten Gesetze befohlen. Wenn diese Beschlüsse auch nur teilweise zur Ausführung kamen, so beweisen sie doch, wie großartig Karl seine Aufgabe als Kaiser auffasste. Für sein großes Reich ein gemeinsames Gesetzbuch zusammenzustellen ist ihm nicht eingefallen, da er auf die nationale Verschiedenheit seiner Untertanen, auf das bestehende Recht der einzelnen Stämme Rücksicht nehmen musste. Auch darin offenbart sich seine staatsmännische Bedeutung, dass er bei seiner organisatorischen Tätigkeit die durch die gegebenen Verhältnisse gezogenen Schranken wohl beachtete.

Kapitel XIII.

Karl als Gesetzgeber

Aus Karls d. Gr. Zeit sind mehr als aus irgendeiner des Mittelalters gesetzliche Aufzeichnungen erhalten. Sie finden sich in den sog. Kapitularien, deren Name von der Einteilung in Kapitel herrührt. Sie enthalten Bestimmungen über kirchliche und weltliche Angelegenheiten, bisweilen nebeneinander ohne jedweden Übergang. Nur selten sind die Vorschriften für die Geistlichkeit in besonderen Aktenstücken zusammengestellt. Häufig ist die Form gewählt, dass der König allein befiehlt oder die Beamten, an welche der Erlass gerichtet ist, ermahnt. Doch sind die Kapitularien fast immer nach vorheriger Beratung mit den Hofbeamten oder auch auf den Reichsversammlungen und Synoden abgefasst worden. Während in der Merowingerzeit die Reichsversammlung im März stattfand, ist sie von Pippin im Mai, von Karl d. Gr. in den Sommermonaten abgehalten worden. Bisweilen versammelte dieser noch im Herbst einen Teil der Großen um sich. Wie Hinkmar von Reims erwähnt, erschien auf der ersteren Versammlung die Gesamtheit der geistlichen und weltlichen Würdenträger; dabei wurden die Angelegenheiten behandelt, welche in demselben Jahr zu erledigen waren, während in der Herbstversammlung Beschlüsse für das folgende Jahr gefasst wurden, die aber noch in der folgenden Hauptversammlung bestätigt werden mussten.

Schon Karlmann der Ältere und Pippin hatten zur Zeit des Maifeldes Synoden abgehalten; auch Karl hat diese mehrmals im Anschluss an die große Reichsversammlung vereinigt und dabei zuweilen die einzelnen Kategorien der Geistlichkeit gesondert beraten lassen. Am Ende seiner Regierung hat er sogar, wie oben erwähnt, fünf verschiedene Synoden an mehreren Orten des Reiches zugleich berufen, aus deren Beschlüssen eine Zusammenstellung gemacht wurde, über welche er sich die Entscheidung vorbehielt.

In der großen Reichsversammlung wurden die mächtigsten Männer des Landes besonders geladen und mussten erscheinen, wenn sie nicht in Strafe fallen wollten. Außerdem fanden sich die höchsten Beamten ein, vor allem die Königsboten, und selbst den Freien war gestattet, daran teilzunehmen. Wie wir bei Hinkmar lesen, fanden die Sitzungen bei heiterem Wetter im Freien statt, sonst im Palast. Die angesehensten Männer bildeten eine Art Ausschuss, an welchen die wichtigsten Angelegenheiten zur Vorberatung kamen. Hier ergriff auch der König das Wort. Auch sonst wurden kleinere Kommissionen gebildet, vor allem von den geistlichen Würdenträgern. In der großen Versammlung führte der Kaiser, seltener ein hoher Geistlicher, den Vorsitz. Hier erschienen Beamte aus den Provinzen, deren Berichte man für wesentlich hielt, Gesandte fremder Fürsten und Völker, mit welchen man über Frieden oder Bündnisse verhandelte. Auch nahm hier der König Geschenke entgegen, die ihm nach alter Sitte von den Häuptern des Volkes dargebracht wurden. Die Hauptsache aber war die Gesetzgebung. Nicht als ob der König an den Rat der Versammlung gebunden gewesen wäre, aber auch er hielt es für zweckmäßig, die öffentliche Meinung zu hören und seine Maßregeln mit ihr in Übereinstimmung zu setzen. Die Beschlüsse der Versammlung wurden niedergeschrieben und teilweise auch von den Anwesenden unterzeichnet.

Die Kapitularien haben Gesetzeskraft; man hat aber den Unterschied gemacht, dass sie nur für die Dauer der Regierung gelten, während den Gesetzen eine bleibende Verbindlichkeit innewohnt. Aus dem mannigfaltigen Inhalt jener wollen wir einige Bestimmungen ausscheiden, die geeignet sind, Karls Bestrebungen und die damaligen Zustände zu charakterisieren. In seinen

Verordnungen für die Kirche schloss sich Karl zunächst an die Kapitularien an, die von Karlmann 742 und 743 erlassen waren, und schärfte mehrere Bestimmungen daraus nochmals ein. Wahrscheinlich schon im Jahre 769 oder spätestens auf der Reichsversammlung in Worms im Sommer 770 verfügte er, dass die Bischöfe jährlich ihre Sprengel untersuchen sollten, vornehmlich um heidnische Gebräuche abzuschaffen. Die Priester, welche mit den Obliegenheiten ihres Berufes nicht vertraut waren, oder die mehrere Frauen gehabt, einen Totschlag begangen und sich nach den kanonischen Satzungen nicht gerichtet hatten, sollten abgesetzt werden. Die Geistlichen sollten nur an geweihter Stätte oder auf Reisen in geweihten Zelten die Messe feiern und die öffentlichen Gebete genau abhalten. Sie sind der weltlichen Gerichtsbarkeit entrückt und können nur mit Vorwissen des Bischofs belangt werden.

Auf der Reichsversammlung zu Aachen im März 789 ließ Karl ein Rundschreiben abfassen, welches sowohl an geistliche als an weltliche Würdenträger gerichtet war. Jenen schärfte er die Bestimmungen der Konzilien und Dekretalen ein, wie sie sich in der Sammlung des Dionysius fanden. Der Bischof soll außerdem ein aufmerksames Auge auf das Leben und die Amtstätigkeit des Klerus haben. Zu Priestern sollen nicht nur Söhne von Hörigen, sondern auch von Freien genommen werden. Die Geistlichen sollen geeigneten Stoff für ihre Predigten auswählen. Während des Gottesdienstes soll der römische Gesang, wie ihn König Pippin eingeführt habe, gebraucht werden. Jedermann soll die Kirchen und heiligen Geräte mit Ehrfurcht behandeln; doch klingt es etwas seltsam, wenn der König jedermann sogar Andacht bei der Messe anbefiehlt. Er erklärt sich endlich gegen lügnerische Schriften und Legenden, die mit dem katholischen Glauben im Widerspruch stehen, besonders gegen einen Brief, der im Jahr vorher vom Himmel gefallen sein sollte; er gebietet die Verbrennung von dergleichen Schriftwerken, durch welche das Volk irre geleitet werden könnte.

Nach seiner Krönung zum Kaiser versammelte Karl im November 802 eine Synode in Aachen und ließ daselbst weitere für die Kirche wichtige Beschlüsse fassen. Die Priester sollten in ihr Gebet den Kaiser und dessen Kinder einschließen, sollten einen rechtschaffenden Wandel führen, im Trinken mäßig sein, keusch leben, keine Waffen tragen. Die Predigt soll an Sonn- und Festtagen stattfinden, das Volk sonst über das Vaterunser und das Glaubensbekenntnis belehrt werden. Die Taufe soll unentgeltlich gewährt, ferner dem Beichtenden eine Buße auferlegt werden. Über die Leistung des Zehnten soll ein Register geführt und derselbe nicht allein für die Bedürfnisse der Geistlichen, sondern auch für die Ausschmückung der Kirchen und die Armenpflege verwandt werden.

Manche Kapitularien enthalten Bestimmungen über kirchliche und weltliche Dinge nebeneinander. Schon jenes Rundschreiben vom Jahr 789 richtet sich nicht allein an die Geistlichkeit, sondern auch an die Laienwelt, bei welcher es christliches Leben einführen will. Es erklärt sich gegen Mord, Diebstahl, falsches Zeugnis, gegen Hass, Neid und Habsucht; es verlangt von den Kindern Ehrfurcht gegen ihre Eltern und verbietet, Unmündigen den Eid abzunehmen. Es verdammt die Zauberei und gebietet die Heiligtümer aus der Heidenzeit, wie Bäume und Steine, zu zerstören. Kurz, es wiederholt die Forderungen des biblischen Gesetzes in anderer Form. Da der König in der Religion die Quelle jeder bürgerlichen und amtlichen Pflichterfüllung sah, so befremdet es nicht, dass er in demselben Zusammenhang den Richtern Liebe zur Gerechtigkeit anempfiehlt.

In einem Kapitular aus dem März 779 schärfte der König die Pflicht des Gehorsams der niederen Geistlichkeit gegenüber den Bischöfen und diesen gegenüber den Metropoliten ein und verbot den Kirchen, Mördern und todeswürdigen Verbrechern ein Asyl zu gewähren. Räuber sollten, wenn sie in den durch Privilegien geschützten Bezirk einer Kirche oder eines Klosters geflüchtet waren, an das Grafengericht ausgeliefert werden, widrigenfalls jene Verlust von Lehen oder eine Buße zu gewärtigen hätten. Der Meineid wurde mit dem Verlust einer Hand bestraft; als Beweismittel sollte auf Verlangen die Kreuzprobe gelten, wonach beide Parteien sich mit ausgestreckten Armen an einem Kreuz aufstellen mussten und der für überwunden galt, welcher die Arme zuerst sinken ließ. Hörige durften nur in Gegenwart des Bischofs oder weltlicher Beamten und nicht außerhalb der Landesmark verkauft werden.

Im März 789 gab der König seinen Sendboten eine Instruktion, welche wesentlich die Aufsicht über Kirchen und Klöster zum Gegenstand hat. In den Klöstern soll die Disziplin aufrechterhalten werden und kleinere Vereinigungen von Nonnen, die ohne Regel leben, vom Bischof zu einer größeren, regelrechten verschmolzen werden. Die Äbtissin darf das Kloster ohne königlichen Befehl nicht verlassen, ebenso wenig ihre Nonnen. Bischöfe, Äbte und Äbtissinnen dürfen weder Jagdhunde, Falken, Habichte, noch Gaukler halten. Die Nonnen sollen keine Gesellschaftslieder (winileodos, wohl Liebeslieder) schreiben oder absenden. In demselben Zusammenhang verfügt der König, dass die Angelegenheiten der Waisen zuerst im Grafengericht behandelt werden, und verbietet den Grafen an Gerichtstagen auf die Jagd oder zu einem Gelage zu gehen. Endlich gebietet er seinen Sendboten die königlichen Lehnsgüter zu revidieren und über ihre Bewirtschaftung an ihn selbst zu berichten.

Auf der Synode von Frankfurt 794 wurden bekanntlich die Irrlehren der spanischen Adoptianisten verdammt und der abgesetzte Herzog Tassilo zur förmlichen Abdankung genötigt. In demselben Kapitular, das über diese Dinge berichtet, finden sich auch Bestimmungen religiösen und weltlichen Inhalts. Manche davon wiederholen die Verfügungen von 789, deren wir oben gedachten. Unter den neuen Vorschriften für die Geistlichkeit erwähnen wir die Ordnung der geistlichen Gerichtsbarkeit. Danach bildet die erste Instanz der Bischof im Verein mit dem Grafen, die zweite der Metropolit mit den Bischöfen seines Sprengels, die oberste der König. Streitigkeiten unter Geistlichen sollen nach kirchlichem Recht von dem Bischof, solche unter Geistlichen und Laien vom Bischof und Grafen gemeinsam entschieden werden. Den Geistlichen in der kgl. Kapelle wird der Verkehr mit ungehorsamen Priestern untersagt, damit nicht auch jene dem Kirchenbann verfallen. Der Bischof darf seinen Wohnsitz in eigenen Angelegenheiten nur höchstens drei Wochen verlassen. Sein Gut fällt nach seinem Tod an die Kirche, nicht an seine Verwandten. Die Priesterweihe darf nicht vor dem 30. Jahr erteilt werden, ebenso wird die Zeit festgesetzt, wann Jungfrauen ins Kloster treten dürfen. Waisenmädchen sollen durch ehrbare Frauen, unter Aufsicht von Geistlichen, erzogen werden. Zur Erhaltung der kirchlichen Bauwerke sind die Lehnsleute verpflichtet. Andere Bestimmungen betreffen die Disziplin im Kloster; sodann wird die unentgeltliche Aufnahme ins Kloster eingeschärft. Bei der Wahl des Abtes soll die Zustimmung des Bischofs eingeholt werden. Schon der Anfang dieses Kapitulars enthält Bestimmungen über die neue Währung, über Getreidepreise, über die Pflicht der kgl. Lehnsleute, ihre Hörigen vor Hunger zu schützen u. a.

Dieselbe Verschiedenheit des Inhaltes zeigt das Kapitular vom Beginn des Jahres 802. Es ist eine Instruktion für die vom Kaiser ins Land geschickten Sendboten. Manche von den auf der Synode in Frankfurt 794 gefassten Beschlüsse werden wiederholt, andere Bestimmungen neu erlassen. Eingehend sind die Vorschriften über die Klosterzucht, die allerdings sehr nötig waren, weil hinter den Mauern des Klosters viele Verbrechen verübt wurden. Wir lesen von Unzucht, Trunkenheit, Schwelgerei und heimlichem Vagabundieren. Die Bischöfe und Oberen der Klöster sollen ihre Untertanen milde behandeln, die Vögte sich streng an das Gesetz halten. Daneben beschäftigt sich das Kapitular mit weltlichen Angelegenheiten. Die Grafen und übrigen richterlichen Beamten sollen nach dem geschriebenen Gesetz, nicht nach Willkür urteilen, sie haben über die Ausführungen der kgl. Befehle zu wachen und die Säumigen vor Gericht zu stellen. Besonders streng sollen sie gegen den Mord verfahren und auf Zahlung des Wergeldes halten. Meineid zieht den Verlust der rechten Hand nach sich, doch kann der Kaiser auch des Verbrechers Habe konfiszieren. Die Beamten sollen Ehen unter Verwandten verhindern und die unerlaubten Verbindungen Lebenden einsperren, bis der Kaiser darüber entscheidet. Auch die Wilddieberei in den kaiserlichen Forsten wird streng untersagt. Die kgl. Beamten sollen den Gesandten und Königsboten bei ihrer Reise behilflich sein. Endlich sollen sie sich der Armen annehmen, deren Schutz der Kaiser sich überhaupt zur Aufgabe gemacht hat. In einer gleichzeitigen Instruktion für die Königsboten der Bezirke Paris und Rouen wird noch befohlen, dass die Freien zur Verteidigung der Küste aufzubieten seien, und dass die Ungehorsamen dem Königsbann verfallen.

Aus demselben Jahr stammt wahrscheinlich ein anderes Kapitular, das eine Reihe von Bestimmungen über die Kirchenzucht aus dem Rundschreiben von 789 wiederholt und sich sonst mit der Rechtspflege, den Verpflichtungen der kaiserlichen Lehnsleute und der Höhe der Bannbuße beschäftigt. Außerdem wird eine frühere Bestimmung wiederholt, wonach jeder nach persönlichem Recht abgeurteilt werden soll.

Eine Instruktion an die Königsboten vom Frühjahr 803 bestimmt, dass die Priesterweihe erst nach einer Prüfung erteilt werden darf, über deren Umfang zwei gleichzeitige, wenn auch private Aufzeichnungen in Münchner Handschriften Auskunft geben. Die Exkommunikation soll nur in ersten Fällen verhängt werden. Die übrigen Bestimmungen, meist weltlichen Inhalts, berühren die mannigfachsten Verhältnisse. Danach soll das Volk über Zusätze, die zu einem Gesetz gemacht sind, befragt werden und diese erst Gültigkeit haben, wenn alle zugestimmt haben. Trunkene dürfen vor Gericht nicht auftreten oder als Zeugen dienen. Auch ist es verboten, jemand zum Trinken zu zwingen. Sobald eine Sache anhängig gemacht ist, soll der Rechtsgang vor gefälltem Urteil und dessen Anerkennung durch den Beklagten nicht unterbrochen werden, und erst dann darf man Begnadigung oder Nachlass der Strafe bei dem König oder der Gegenpartei nachsuchen. Die Königsboten sollen nach Falschmünzen spüren und auf die Richtigkeit des Maßes halten. Sie sollen nach einer Liste, die dem König vorzulegen ist, die richterlichen Beamten ernennen.

Geringeren Umfang haben die Kapitularien, welche nur weltliche Dinge behandeln. Da ist eine Instruktion für die Königsboten aus dem Jahr 786 oder 792 zu erwähnen, welche vornehmlich die Abteilung des Eides der Treue betrifft. Derselbe soll von Geistlichen, mit Ausnahme der Mönche, bei denen ein Versprechen ausreicht, von den kgl. Beamten und Lehnsleuten und allen männlichen Untertanen vom 12. Jahr ab verlangt werden. Die Grafen sollen Verzeichnisse über die in ihrem Gau Angesessenen anlegen, um die Eidesleistung zu kontrollieren.

Wahrscheinlich in die letzten Jahrzehnte des achten Jahrhunderts gehört ein Kapitular, in welchem Karl seinen mündigen Söhnen den Rang vor allen Großen des Reiches gibt. Er empfiehlt ihnen, auf die Mahnung ihrer Ratgeber zu hören, droht aber diese zu entfernen, wenn sie mehr den eigenen Vorteil als den des Reiches im Auge haben.

Im Jahr 805 erließ der Kaiser eine Instruktion für die Königsboten, welche Anordnungen über die Wehrpflicht enthält. Danach soll jeder Vasall, der 12 Hufen besitzt, gepanzert ins Feld ziehen, widrigenfalls er sein Lehen verliert. Auch darf kein Freier sich durch Eintritt in den Klerus sich dem Kriegsdienst entziehen, ohne des Kaisers Erlaubnis. Ebenso wenig dürfen die Reichen Freie zur Aufgabe ihrer Güter nötigen, weil dadurch die Zahl der Heerespflichtigen vermindert werde. Es werden ferner Bestimmungen über die Zahlung des Heerbannes erlassen, der in diesem Jahr vermindert werden soll. Die Königsboten sollen den Grenzhandel mit den Slawen und Avaren beaufsichtigen; die Kaufleute dürfen mit ihren Waren nur bis zu den Grenzplätzen, unter denen Bardewiek, Magdeburg, Erfurt und Regensburg genannt werden, ziehen. Waffen dürfen nicht ausgeführt werden. Die Kaufleute haben Zoll für ihre Waren zu zahlen.

Als der Kaiser im folgenden Jahr in einer Urkunde festsetzte, wie nach seinem Tod das fränkische Reich geteilt werden sollte, verfügte er in einem Kapitular, dass auch die Untertanen ihre Zustimmung zu dieser Reichsteilung geben sollten. Aus dem Jahr 807 ist eine Instruktion für die Königsboten erhalten, durch welche angeordnet wird, dass im Gebiet südwestlich der Seine für dieses Jahr eine Erleichterung der Wehrpflicht stattfinden soll, weil jene Gegenden von einer Hungersnot betroffen waren. Wir erwähnen schließlich noch ein Kapitular vom Jahr 811, in welchem Bestimmungen über die Wehrpflicht zu Wasser getroffen werden.

Andere Kapitularien sind nur für einzelne Teile des Reiches bestimmt, die unter besonderer Verwaltung standen oder erst jüngst erobert waren. Vor allem kommen hier Italien und Sachsen in Betracht, doch haben wir der für diese Lande getroffenen Bestimmungen in anderem Zusammenhang schon gedacht.

Die Revision der Volksrechte, welche der Kaiser im Jahr 802 anordnete, ist nicht vollständig durchgeführt worden. Der Kaiser musste sich begnügen, Ergänzungen zu einigen derselben abfassen zu lassen, um diese Gesetze mit den damaligen Zuständen des Reiches in Einklang zu bringen. Dieselben sind auch in der Form von Kapitularien erlassen, und zwar zu den Gesetzen der salischen und ripuarischen Franken im Jahr 803. Die Zusätze zum salischen Gesetz, die nach anderer Überlieferung auch für die übrigen im fränkischen Reich geltenden Volksrechte bestimmt sind, geben die Geldbußen für einzelne Vergehen an. Wer z.B. die einem geistlichen Stift bewilligte Immunität verletzt, soll 600 Solidi zahlen; doch muss ein in eine Kirche geflüchteter Verbrecher ausgeliefert werden, widrigenfalls die Kirche in Strafe verfällt, ja der Graf darf dann den Schuldigen ohne Berücksichtigung der Immunität ergreifen lassen. Wer einen

Blutsverwandten tötet, um dadurch der Knechtschaft zu entgehen, hat die Todesstrafe zu gewärtigen, während seine Nachkommen und Geschwister die Freiheit verlieren sollen. Wird der Mord geleugnet, so wird ein Gottesgericht, bei dem neun glühende Pflugscharen anzuwenden sind, stattfinden. Wenn ein Freier wegen Schulden in Knechtschaft gerät, so sollen seine Kinder frei bleiben, wenn ihre Mutter eine Freie ist. Wer sich bei einem Urteil der Schöffen nicht beruhigt und seine Sache wiederum anhängig macht, soll entweder 15 Solidi zahlen oder erhält 15 Schläge. Ebenso wird mit einer Strafe von 15 Solidi derjenige bedroht, welcher einen anderen im Prozess in trügerischer Weise unterstützt und dessen vor Gericht überführt wird. Schenkungen an die Kirche dürfen nur in Gegenwart der gesetzlichen Zeugen gemacht werden, auch kann dies auf einer Heerfahrt geschehen. Hat jemand während derselben sein Gut einem anderen zur Verwaltung übertragen, so erhält er es nach der Rückkehr unweigerlich zurück oder, wenn er inzwischen umgekommen ist, seine Erben.

Ausführlicher sind die Zusätze, welche der Kaiser zum ripuarischen Gesetz machen ließ. Doch schließen sich dieselben unmittelbar an die einzelnen Artikel an, so dass der Charakter des Gesetzes nicht geändert wird. Mehrere Jahre später ist ein Rechtsbuch für die Franken im Gau Hamaland entstanden, es ist aber unklar, welchen Anteil daran der Kaiser gehabt hat. Schon vorher hat auch das Rechtsbuch der Bayern Zusätze erfahren, welche besonders die so genannten acht Bannfälle betreffen. Mit dem Königsbann von 60 Solidi nämlich werden folgende Vergehen bedroht: Wer den Heerdienst versäumt, Kirchen, Witwen und Waisen, ferner Hilfsbedürftige, die zur Verteidigung unfähig sind, verletzt, wer eine freie Frau gegen den Willen ihrer Angehörigen entführt, endlich Brandstifter und Einbrecher. Von geringerer Bedeutung ist die Aufnahme von Bestimmungen über die Buße für Tötung eines Freigelassenen aus dem fränkischen Recht. Danach soll das Wergeld für erschlagene Königsleute, d.h. solche, welche von dem König die Freiheit erhalten haben, dem König zufallen. Wird sonst ein Freigelassener erschlagen, so nimmt der König nur 40 Solidi in Anspruch.

Noch vor der vollständigen Unterwerfung des Sachsenvolkes hat Karl eine Aufzeichnung ihres Rechtes veranlasst. Unzweifelhaft sind darin alte Satzungen bewahrt, manche jedoch umgestaltet und mit den neuen christlichen Zuständen in Übereinstimmung gebracht. Heißt doch ein Teil des sächsischen Rechtsbuches das Gesetz der Franken.

Weniger Einheit offenbart das Gesetz der Friesen, das wohl noch vor der Kaiserkrönung zusammengestellt ist. Die ältesten Teile desselben reichen vielleicht noch in die Zeit Karl Martells zurück, andere sind von Karl veranlasst worden. Ferner lassen sich daraus größere Zusätze ausscheiden, als deren Verfasser zwei weise Männer angegeben werden. Letztere scheinen überhaupt ältere Rechtsaufzeichnungen gesammelt und zu einem Ganzen verbunden zu haben, bei welcher Annahme allerdings der Anteil Karls des Großen an dem Gesetz verschwindend klein sein würde.

Kapitel XIV.

Verfassung des fränkischen Reichs zu Karls Zeit

Unter allen germanischen Staaten, welche die Völkerwanderung geschaffen hat, ist es fast allein der fränkische gewesen, welcher ihre Stürme zu überdauern vermochte. Unter den merowingischen Königen schon hatte die Verschmelzung fränkischer und romanischer Volkselemente begonnen, war aber nicht zum Abschluss gekommen. Vielmehr behielt auf dem Boden des heutigen Frankreich die keltisch-romanische Nationalität das Übergewicht, während die Franken am Rhein ihr Volkstum unverfälscht bewahrten. Zu einer Verschmelzung mit den unterworfenen germanischen Stämmen, wie Friesen, Thüringern, Alemannen und Bayern, war es erst recht nicht gekommen. Um wie viel größer wurden diese Schwierigkeiten, als noch andere Nationen, wie Basken und Bretonen, wie Langobarden und Römer Italiens, Sachsen und selbst slawische Völkerschaften, dem fränkischen Reich unterworfen waren! Nur ein starkes Königtum, das die Pflichten seines Amtes klar erkannte und gewissenhaft zu erfüllen bestrebt war, konnte die Ordnung in einem aus so mannigfaltigen Bestandteilen zusammengesetzten Reich begründen und erhalten. Seine Macht wurde gesteigert, wenn es die weltlichen Gewalten, welche sich, gestützt auf Grundbesitz oder amtliche Stellungen, aus der Mitte des Volkes erhoben hatten, erniedrigte und die Kirche, deren Einfluss seit der wachsenden Verbreitung des Christentums gestiegen war, von sich abhängig machte. Beides hat nun Karl der Große erreicht. Während seit länger als einem Jahrhundert die Staatsgewalt nicht von dem König, sondern von dem obersten Verwalter der Staats-

Fig. 3.

Karl der Große in römischer Tracht. (Aus Thresor des antiquitez de la couronne de France I.)

Domänen ausgeübt wurde, ging sie jetzt auf den König über, seitdem dem letzen Hausmeier die Krone übertragen war. Aber auch die anderen amtlichen Stellungen, deren Einfluss zu groß erschien, wurden jetzt beseitigt, vor allem die der Herzöge, deren Gewalt bei den germanischen Stämmen fast der eines Königs gleich gekommen war.

Karl betrachtet sich, zumal nach Erlangung der Kaiserwürde, als den von Gott auserwählten Herrscher, der berufen sei, in allen Beziehungen, kirchlichen wie weltlichen, die in seinem Reich vereinigten Christen zu leiten. Schon Pippin hatte es aus-

Fig. 4.

Kostümbild aus der Karolingerzeit. (Aus Thresor des antiquitez 1.)

gesprochen, dass das Königtum kraft göttlicher Einsetzung bestehe, und auch unter Karl kehrt die Vorstellung wieder, dass alle Herrschaft den Königen von Gott anvertraut sei. Dass der König Pflichten gegen das Volk habe oder dieses sogar besondere Rechte, behauptet niemand unter den Schriftstellern jener

Fig. 5.

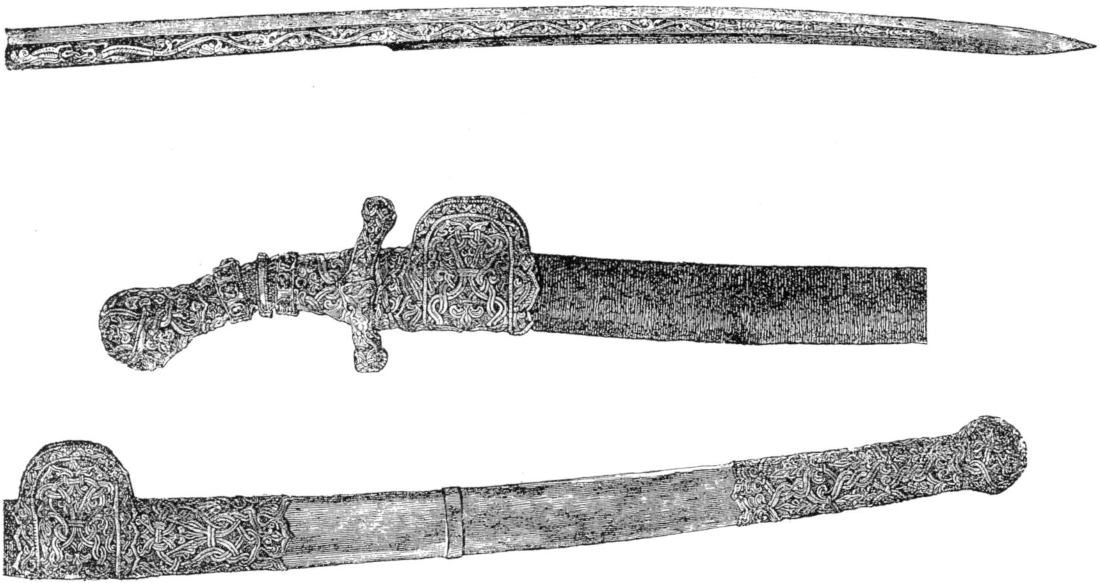

Karls Schwert. (Aus Bock, Karls d. Gr. Pfalzkapelle und ihre Kunstschätze.)

Zeit; es sind nur Pflichten gegen Gott, aus welchen sich die einzelnen Aufgaben des Herrschers herleiten lassen. Als solche

Fig. 6.

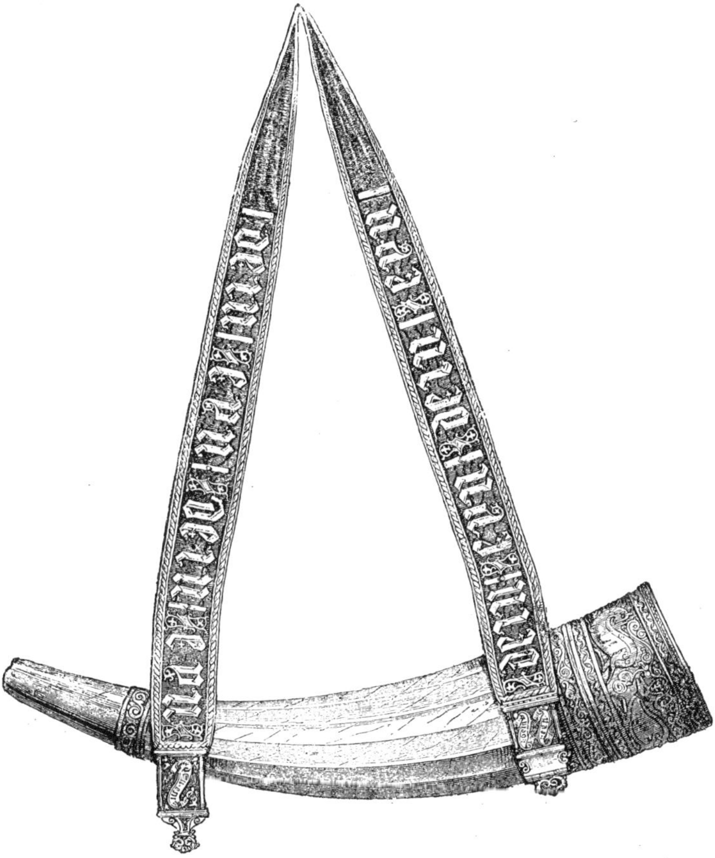

Karls Hifthorn. (Inschrift: Dein eyn, d. h. Diene Einer.) (Aus Bock, Karls d. Gr. Pfalz-kapelle und ihre Kunstschätze.)

bezeichnet ein Angelsachse in einem Brief an Karl die Bestrafung der Bösen, Belohnung der Guten, geringe Belastung des Volkes und Gerechtigkeit ohne Ansehen der Person. Folgende

Eigenschaften dagegen verlangt er von einem trefflichen König: Wahrhaftigkeit, Geduld, Freigebigkeit und Beredsamkeit. Man hat wohl gemeint, dass das Königtum oder Kaisertum Karls in seinem Wesen nach römischen Vorstellungen umgestaltet sei, doch mit Unrecht. Seine Gewalt hat sich auf den germanischen Grundlagen entwickelt, und nur für das Zeremoniell sind Einrichtungen von den römischen Kaisern und den Byzantinern übernommen. Es wurde Sitte, dem Kaiser nur kniend zu nahen, doch war der Zugang zu ihm niemand aus dem Volk verwehrt. Wenn der Kaiser in eine Stadt kam, so wurde er mit feierlichen Lobgesängen empfangen. Auch die römische Tracht hat Karl, allerdings nur zweimal, angelegt und zwar zu Rom auf Wunsch des Papstes, nämlich eine lange Tunika, darüber die Chlamys und dazu römische Schuhe (s. Fig. 3). Sonst trug sich Karl nach fränkischer Art, wie Einhard ausführlich beschreibt. Er bedeckte nämlich die Beine mit Binden und legte Hosen und ein Wams an, das mit seidenen Streifen verbrämt war. Im Winter trug er einen Rock aus Seehundsfell und Zobelpelz und darüber einen meergrünen Mantel (s. Fig. 4). Nur bei festlichen Gelegenheiten erschien er in einem goldgewirkten Kleid, mit Schuhen, welche Edelsteine zierten, und befestigte den Mantel mit goldenen Haken. Auf dem Haupt trug er dann eine goldene Krone, deren er mehrere hatte, und in der Hand ein Zepter, d. h. einen goldenen Stab, mit goldener oder silberner Krücke, wie denn ein Stab überhaupt zur Tracht eines vornehmen Franken gehörte. An der Seite führte er ein Schwert, dessen Griff und Gehänge aus Gold oder Silber bestand und zuweilen mit Edelsteinen verziert war. Noch heute zeigt man ein Schwert Karls in der k. k. Schatzkammer zu Wien und sein Hifthorn im Aachener Münster (s. Fig. 5 u. 6), doch sind beide Gegenstände sicherlich unecht. Eine feste Residenz hatte Karl, wie überhaupt die germanischen Könige, ursprünglich nicht, doch hat er später öfter zu Ingelheim und besonders zu Aachen Hof gehalten, wo er sich glänzende Paläste erbaute. Doch wurde keiner von beiden Orten Hauptstadt des

Reiches, und daher ist es auch gekommen, dass es keine gemeinsame Grabstätte der Karolinger gibt.

Karls Gemahlinnen führten den Titel Königin, obwohl sie, wie es sonst bei den Karolingern üblich, nicht mit ihm die Krone empfingen. Sie entstammten meist den edlen Geschlechtern des Landes, nur eine war eine ausländische Königstochter. Die aus diesen Ehen entsprossenen Söhne hatten germanischen Vorstellungen entsprechend ein Erbrecht an der Herrschaft, doch folgten nicht immer die Söhne dem Vater, sondern die Herrschaft ging, wie wir bei Pippin und Karl selbst gesehen haben, mit Zustimmung des Volkes bisweilen auf die überlebenden Brüder über. Unmündigkeit verhinderte nicht die Übernahme der Regierung, wie ja Karl selbst zwei seiner Söhne in jungen Jahren zu Königen erhob, doch trat schon im 15. Jahr die Mündigkeit ein. Allerdings behielt sich Karl in wichtigen Dingen die Entscheidung selbst vor und übertrug z. B. seinem Sohn Pippin nicht ganz Italien, soweit es erobert war, sondern nahm davon die römischen Besitzungen und das Herzogtum Benevent aus.

Karls Regierung ist, wie überhaupt die der germanischen Könige, eine persönliche gewesen, doch waren besonders seit der wachsenden Ausdehnung des Reiches mehrere Klassen von Beamten tätig, welche in der Verwaltung, Rechtspflege und Heeresführung beschäftigt wurden. Die höchsten dieser Beamten befanden sich am Hof des Königs. Die oberste Stelle derselben nimmt der Seneschalk ein, welcher die Aufsicht über das Hauswesen hat; bisweilen führt er auch den Titel Küchenmeister, da er für den Unterhalt des Hofes sorgen musste. Neben ihm ist der Oberschenk zu erwähnen, ferner der Stallgraf, endlich der Kämmerer, welcher den Schatz zu verwalten hat und wegen dieser wichtigen Aufgabe unter Karls Nachfolger die einflussreichste Stellung bei Hofe gewinnt. Bisweilen wurde jedes der genannten Ämter von mehreren bekleidet, welche den verschiedensten Ländern des Reiches angehörten. Sonst ist noch der Obertürhüter, der einem modernen Zeremonienmeister zu vergleichen ist, da er die Audienzen vermittelt, von Bedeutung. Der Quartiermeister hat für die Unterbringung des königlichen Hofhaltes auf Reisen zu sorgen. Auch gab es Jäger- und Falkenmeister, deren Amt sehr wichtig war, weil Karl mit Vorliebe der Jagd oblag.

In der Umgebung der Königin befanden sich angesehene Frauen, ohne dass jedoch deren Befugnisse und Pflichten bestimmt abgegrenzt waren.

Neben diesen Hofbeamten, deren Dienst sich mehr auf die Person des Herrschers bezog, gab es mehrere, deren Tätigkeit politischer Art war, und die man den heutigen Ministern vergleichen kann. Der Pfalzgraf leitete das königliche Gericht und besorgte außerdem als oberster Beamter die weltlichen Angelegenheiten. Das Amt des Referendarius, das unter den merowingischen Königen so bedeutend war, ist eingegangen, dafür werden Notare und Kanzler mit der Pflicht betraut, Urkunden auszufertigen und zu besiegeln. Einer von ihnen erscheint als der oberste, doch führt er noch nicht den Titel Erzkanzler. Weil er zu seinem Beruf eine umfassende, gelehrte Bildung brauchte, so gehörte er meist dem geistlichen Stand an oder leitete wenigstens zugleich als Abt ein Kloster, von dessen Einkünften er lebte.

Die kirchlichen Angelegenheiten standen unter der Aufsicht des Kapellans, des Vorstehers der königlichen Kapelle, in welcher die Heiligtümer und Reliquien des Königs aufbewahrt wurden. Ihr Name rührt von der Kappe des heiligen Martin von Tours her, die als Reliquie in hohem Ansehen stand. Es gab mehrere Kapellane, unter denen einer in der späteren Zeit den Namen Erzkapellan erhält. Meist war es ein Bischof, dem der Papst ausdrücklich die Erlaubnis gegeben hatte, sich am königlichen Hof aufzuhalten. Der Name Apocrisiarius, der sich allerdings selten für diesen Beamten findet, rührt von den Byzantinern her. In späterer Zeit erhielt er auch die Aufsicht über die Kanzlei, vielleicht deshalb, weil wichtige Urkunden in der Kapelle aufbewahrt wurden. Doch ist ihm erst in der späteren Karolingerzeit das Amt des Erzkanzlers übertragen worden. Auch die Königin hatte ihren eigenen Kapellan.

Es waren überhaupt mehrere Geistliche bei Hofe anwesend, die teils als Ärzte oder als Inspektoren der königlichen Bauten, wie Einhard, teils als Lehrer an der Hofschule tätig waren. Alle diese geistlichen und weltlichen Beamten wurden zum Rat des Königs hinzugezogen, daneben noch andere, welche kein besonderes Amt hatten. Mit ihnen pflegte der König die Reichsversammlung im Herbst abzuhalten. Dagegen ist das alte Gefolgswesen, das noch unter den Merowingern eine so bedeutende Rolle spielte, so gut wie verschwunden. An die Stelle der Gefolgsgenossen, die früher in besonderer Treue dem Herrscher dienten, sind die Vasallen getreten. Auch sonst gab es bei Hofe rüstige Männer oder Jünglinge, die entweder die Hofschule besuchten oder zuweilen niedere Stellungen bekleideten, um sich auf die größeren Hofämter vorzubereiten. Endlich scheint es noch eine besondere Leibwache gegeben zu haben, die an des Kaisers Zelt Wache hielt oder dessen Familie auf ihren Reisen begleitete.

An den Hof schloss sich ein großer Tross an. Da waren Kaufleute, meist Juden, welche für die Bedürfnisse des Hofes sorgten, ferner Gaukler und Abenteurer, endlich Bettler, über welche besondere Magister die Aufsicht zu führen hatten.

In den Reichslanden oder einzelnen Provinzen besteht das Amt des Herzogs nur dem Namen nach fort, besonders für Beamte, welchen ein größerer Bezirk untergeben war. Sonst ist das ganze Reich in Gaue geteilt, deren Mittelpunkt in den romanischen Gebieten die aus der Römerzeit erhaltenen Städte bildeten. Hier ist der ordentliche Beamte der Graf, dessen Amtsgebiet Grafschaft heißt. Bei seiner Beurteilung muss man sich von modernen Vorstellungen loszumachen suchen und nicht darin einen höheren Grad von Adel sehen. Karl hat bisweilen gerade niedrig geborene Männer, ja Freigelassene mit der Grafschaft betraut, weil er die Macht der im Land aufsässigen vornehmen Geschlechter nicht mehren wollte. Sonst allerdings, zumal in den neu erworbenen Ländern, übertrug er das Amt des Grafen edlen Franken, in Sachsen wählte er dafür auch tüchtige Männer aus einheimischem Adel, welche sich mit den neuen Verhältnissen versöhnt hatten. Immer aber war er gegen die Erblichkeit der Würde, die den Inhaber von ihm selbst unabhängig gemacht hätte. Wie er das Amt ausdrücklich verlieh, so setzte er auch Personen ab, die sein Vertrauen nicht rechtfertigten. Darin unterscheidet sich seine starke Regierung von mancher seiner Nachfolger, dass er die Besetzung des Grafenamtes nicht aus der Hand lässt, während dasselbe später in angesehenen Familien wiederum erblich wird. Zwar nannte sich damals schon der Graf von Gottes Gnaden, aber dies war mehr noch ein Ausdruck der Demut als stolzen Selbstbewusstseins, wozu es später geworden. Innerhalb seines Gaues leitete der Graf alle öffentlichen Verhältnisse, war Verwalter, Polizeibeamter, Richter und Feldhauptmann in einer Person und griff selbst in kirchliche Angelegenheiten ein, soweit dem Staat dabei Mitwirkung vorbehalten war.

Auch die unterste Abteilung des Volkes, die Hundertschaft, d. h. eine Gemeinschaft von hundert Hufen, hat sich aus der germanischen Vorzeit noch erhalten. Ihr Vorsteher, der Centenar, ist der erste Unterbeamte des Grafen. Er wird vom Grafen und Volk gemeinsam gewählt. Auch der Vikar, der ursprüngliche Ortsvorsteher, besteht noch aus früherer Zeit, manchmal wird sein Amt vom Centenar zugleich verwaltet. Jenseits des Rheins, auf gallischem Boden, gibt es noch das Amt eines Vizegrafen, doch ist dieses nicht der höchste Unterbeamte oder Stellvertreter des Grafen, vielmehr lag die Stellvertretung dem Vikar ob. Nur selten wird der Schultheiß oder Tribun erwähnt, vielleicht, weil seine Befugnisse von den schon genannten Unterbeamten ausgeübt wurden. Im Allgemeinen hat sich also an dem Beamtentum, das bei der Verwaltung tätig war, seit der Merowingerzeit wenig geändert. Um diese Beamten aus der Masse des Volkes zu erheben und auch vor Nachstellungen zu schützen, erhöhte der König ihr Wergeld, d. h. die Buße für ihre Tötung, z.B. für den Grafen auf den dreifachen Betrag, für den Schultheiß, wenn er frei geboren war, auf das Doppelte.

In der Rechtspflege hat die Vergrößerung des Reiches unter Karl dem Großen mehrere Veränderungen nötig gemacht. Das altgermanische Prinzip, dass ein jeder Freie von der Gesamtheit seiner Gaugenossen gerichtet werden musste, war nicht mehr durchführbar, seitdem der Heerdienst viele Freie oft Jahre lang von der Heimat fern zu halten pflegte und die amtlichen Pflichten des Grafen sich gehäuft hatten. Karls Reformen machen nun den Eindruck, als ob es ihm nur darauf angekommen wäre, die schreiendsten Missstände zu beseitigen. Solange er sich bemühte, mit dem geringen Beamtenpersonal jener Zeit auszukommen, solange er es unterließ, die Kompetenzen der Behörden und Gerichtshöfe abzugrenzen, konnten wirklich befriedigende Zustände nicht eintreten. Polizei, Rechtspflege und Verwaltung lagen in denselben Händen. Angesehene Leute, vor allem die königlichen Beamten hatten die Pflicht, jedes Verbrechen, das zu ihrer Kenntnis kam, vor das zuständige Gericht zu bringen, und Bischöfe mussten auf ihren Reisen Verbrechen nachspüren, durch welche besonders das religiöse Gefühl verletzt wurde, wie Unzucht und Verwandtenmord, und hielten dann wohl selbst über solche Übeltäter Gericht ab. Ebenso hatte der Graf mit seinen Unterbeamten die Pflicht, auf Fremde und besitzlose Leute innerhalb seines Gaues Acht zu geben. An einer Behörde, welche die öffentliche Anklage im Interesse der Gesellschaft oblag, fehlte es vollkommen. Es gab zwar mehrere Instanzen, doch war deren Kompetenz nicht streng geschieden. Vor die drei Gattungen von Gerichten, die übereinander bestanden, vor das des Grafen, der Königsboten und des Königs selbst konnte im Prinzip jede Sache gebracht werden, obwohl es üblich war, bei den beiden letztgenannten nur Berufung einzulegen oder Recht zu suchen, wenn dies in der untersten Instanz verweigert war. Nur einzelne Verbrechen waren ausdrücklich der Entscheidung des Königs oder seines Stellvertreters, des Pfalzgrafen, vorbehalten wie die Fahnenflucht, Verletzung des königlichen Befehls oder, wie man es nannte, seines Bannes und die Übeltaten der Großen des Reichs.

Im Allgemeinen muss man zwischen Gerichtshöfen, denen die Laien, und solchen, denen die Geistlichkeit mit ihren Hintersassen unterworfen war, unterscheiden. Was nun zunächst die erstgenannten betrifft, so ist der wichtigste unter ihnen das Grafengericht, das nach Bedürfnis an verschiedenen Orten des Gaues abgehalten wurde. Es ist eine Neuerung Karls, dass die Freien nur zu den sog. ungebotenen Gerichten, die der Graf dreimal im Jahr abhielt, erscheinen mussten, und dass die Sitzungen nicht mehr im Freien, sondern in bedeckten Räumen stattfanden. Die Kriminalsachen waren dem Grafen selbst vorbehalten, bei geringeren, also jedenfalls Zivilsachen konnte sein Stellvertreter, der Centenar oder Vikar, den Vorsitz im Gericht führen.

Die zweite Instanz bildeten gemeinhin die Gerichte, welche die Königsboten in den ihnen zugewiesenen Gauen viermal im Jahr abhielten. Dazu fanden sich die Grafen der ganzen Landschaft und angesehene Freie (Schöffen) als Urteiler ein. In den Monaten, in welchen die Königsboten nicht im Land umherreisten, hielten die Grafen benachbarter Gaue, bisweilen im Verein mit Bischöfen, gemeinsame Sitzungen, vornehmlich wenn es sich um Streitigkeiten zwischen vornehmen Männern handelte. Im königlichen Gericht führte entweder der König selbst oder der Pfalzgraf den Vorsitz. Dieser erledigte jedenfalls selbst die meisten Rechtsfälle und überwies nur solche dem König, zu deren Entscheidung das bestehende Recht nicht ausreichte. Das Urteil gaben die am Hof anwesenden Großen oder, wenn der König umherzog, Grafen und Vasallen, zuweilen auch die Schöffen der benachbarten Gaue ab. Bisweilen schloss sich an eine Synode oder an eine Reichsversammlung, zu welcher der König regelmäßig erschien, eine Gerichtssitzung an.

Diese Rechtsordnung hat durch das Lehnswesen und die Immunität manche Ausnahmen erfahren. Zwar unterlagen Hörige und Vasallen auch der staatlichen Jurisdiktion, aber sie erschienen nicht selbst vor Gericht, sondern wurden von ihren Herren vertreten. Außerdem nahmen die königlichen Domänen insofern eine Sonderstellung ein, als hier der Meier oder Amtmann die niedere Gerichtsbarkeit über die Hörigen ausübte. Ferner hatte die Geistlichkeit für sich und ihr Gebiet mit der darauf ansässigen Bevölkerung durch die Immunität besondere Vorrechte erworben. Dieselbe stammt noch aus der Zeit der Merowinger und bedeutet zunächst Freiheit von den sonst dem Staat zukommenden Leistungen. Allmählich erwuchs daraus eine Summe von Hoheitsrechten. Obwohl sie zunächst nur den königlichen Domänen zustand und dann auch durch besondere Verleihung weltlichen Großen und selbst Privatpersonen gewährt wurde, so ist sie bald ein besonderes Vorrecht der geistlichen Stifter geworden, welche dadurch die Befreiung von der weltlichen Gerichtsbarkeit erhalten. Hier übte der Vogt oder sein Stellvertreter, der Vizedominus, die niedere Gerichtsbarkeit über die abhängigen Leute aus, und jede Verletzung der Immunität, das Eindringen eines weltlichen Richters in ihren Bereich war mit einer Strafe von 500 Solidi bedroht. Doch in Kriminalsachen und wohl auch in Prozessen, bei welchen außerhalb dieses Bezirks wohnende Leute beteiligt waren, hörte dies Vorrecht auf; alsdann mussten auch die Hintersassen der Kirche mit ihrem Vogt vor dem Gericht des Grafen erscheinen. Verbrecher, welche sich in den Bezirk der Immunität geflüchtet hatten, mussten bei schwerer Strafe ausgeliefert werden. Der Vogt und sein Stellvertreter wurden meist von den Bischöfen oder Äbten, auf deren Gebiet sie tätig waren, ernannt, doch immer in Übereinstimmung mit den königlichen Behörden. Zuweilen sind sie auch von den Königsboten unmittelbar bestellt worden. Sie erhielten, wie überhaupt die Beamten, kein Gehalt, sondern wurden in der Regel durch Lehen ihres Stiftes oder Klosters entschädigt. In diesem Gebiet fielen die Friedensgelder der Kirche zu. Alle Verbrechen, die hier verübt wurden, waren mit härteren Strafen bedroht.

Noch größere Vorrechte hatten die Geistlichen selbst. Sie wurden in der Regel von ihrem Oberen abgeurteilt und nur wegen schwerer Verbrechen vor die weltlichen Gerichte gezogen, jedoch immer mit Vorwissen des Bischofs. Streitigkeiten zwischen Geistlichen und Laien unterstanden einem Gericht, bei dem der Bischof und der Graf gemeinsam tätig waren. Auch hier, wie in den weltlichen Gerichten, wurde das Urteil von Beisitzern gesprochen. Über die höhere Geistlichkeit urteilte eine Synode oder der König selbst.

Bei den weltlichen Gerichten war das Verfahren im Wesentlichen folgendes: die Parteien oder Angeklagten wurden vom Grafen mündlich oder schriftlich vorgeladen; wer auf die zweite Ladung nicht erschien, musste eine Geldbuße zahlen, welche dem Grafen oder seinem Stellvertreter zufiel. Den Gerichtshof bildeten außer dem Beamten, der den Vorsitz führte, in der Regel nur die Schöffen, d. h. angesehene Freie, zuweilen auch Geistliche, welche von den Königsboten ernannt und für ihr Amt vereidigt waren. Ihre Tätigkeit erstreckte sich nicht auf einen kleinen Bezirk, sondern auf einen ganzen Gau, doch wurden zu jeder Gerichtssitzung nur wenige, meist sieben, zugezogen. Diese Neuerung ist von Karl dem Großen eingeführt worden, um die Last des Gerichtsdienstes bei der freien Bevölkerung zu erleichtern. Nur bei drei Gerichtssitzungen im Jahr mussten, wie erwähnt, alle Freien erscheinen. Die Schöffen fällten das Urteil und fertigten die Erkenntnis aus, der Vorsitzende hatte nur darüber zu wachen, dass die hergebrachte Form und das Gesetz beobachtet wurde. Da jeder Angeklagte nicht nach dem Recht seines Ortes, sondern des Stammes, dem er angehörte, abgeurteilt wurde, so verordnete Karl, dass über jeden nur Schöffen seines Stammes zu Gericht sitzen durften, doch war diese Bestimmung in vielen Fällen schwerlich durchführbar.

Die Parteien oder Angeklagten erschienen vor Gericht ohne den Beistand eines Advokaten, ebenso wenig gab es öffentliche Ankläger, dagegen hatte der Graf mehrere Notare, welche als Protokollführer dienten.

Unter den Beweismitteln nimmt die erste Stelle der Eid ein. Zum Zeugnis wurden nur unbescholtene Personen zugelassen, und besonders streng war die Auswahl, wenn der Fiskus selbst bei einem Rechtsstreit beteiligt war. Daneben hatte beweisende Kraft das Gottesurteil, das auf der Vorstellung beruhte, dass Gott selbst durch unmittelbares Eingreifen der Unschuld zum Sieg verhelfen werde. Die üblichste Form war die Kreuzprobe, deren wir schon oben gedachten, ferner die kalte Wasserprobe. Bei dieser nämlich warf man den Angeschuldigten, dessen linke Hand man mit dem rechten Fuß zusammengebunden hatte, ins Wasser und schloss auf seine Schuld, wenn er untersank. Auf alle Fälle hin hatte man einen Strick um seinen Leib gebunden, um ihn vor dem Ertrinken zu bewahren. Der Genuss des heiligen Abendmahles diente besonders bei Geistlichen und Mönchen zum Beweis der Unschuld, weil man annahm, dass ihnen, wenn sie schuldig wären, das geweihte Brot und der Wein nur Verderben bringen würden. Endlich wurde auch der Zweikampf bei der Anklage auf Hochverrat angewandt.

Bei der Wahl der Strafe hielt man zum Teil noch an den altgermanischen Grundsätzen fest, bei denen Verbrechen gegen die Gesamtheit mit dem Tod zu sühnen waren, während bei Verletzungen des Einzelnen Geldstrafe, z. B. bei Totschlag die Zahlung des Wergeldes zulässig war. Die Todesstrafe, die entweder durch Hängen oder Enthauptung vollstreckt wurde, stand auf Landesverrat, Fahnenflucht, Kirchenraub und den Totschlag, der in einer Kirche verübt wurde. Während man bei der Vollstreckung der Todesstrafe manche grausamen Arten, wie sie früher üblich waren und leider auch im späteren Mittelalter wieder eingeführt wurden, abgeschafft hatte, erhielt sich der widerwärtige Gebrauch, den Verbrecher durch Verlust einzelner Körperteile zu strafen. So wurden Aufrührer bisweilen geblendet, Räubern die Nase abgeschnitten, Meineidigen oder Falschmünzern die rechte Hand abgehauen. In den meisten Fällen konnte man jedoch dieser schweren Strafe durch Zahlung einer Geldbuße entgehen. Letztere ist überhaupt die häufigste Strafe, und selbst bei Totschlag hing es nicht mehr von dem Belieben der verletzten Familie ab, ob sie Geld nehmen oder der Blutrache freien Lauf lassen wollte. Diese altgermanische Unsitte suchte Karl einzuschränken und erschwerte auch die Gelegenheit dazu, indem er selbst den Freien Waffen zu tragen verbot, so lange sie daheim waren und kein Feind den Frieden störte. Die Buße fiel teils an den Geschädigten, teils an den König oder an dessen Beamten, und zwar konnte eine Verletzung des königlichen Befehls in den acht sog. Bannfällen nur durch die Zahlung von 60 Solidi an den König gesühnt werden, während die Friedensgelder an den Grafen gezahlt wurden.

Von anderen Strafen hat nur die Verbannung einen allgemeinen Charakter. Sie erfolgte bei Majestätsverbrechen und konnte nur vom König verhängt werden. Mit ihr war der Verlust des Vermögens verbunden. Dasselbe wurde auch auf Zeit mit Beschlag belegt, wenn sich jemand der gerichtlichen Verhandlung entzog, und ging verloren, falls er sich binnen Jahresfrist nicht stellte. Zwei andere Strafen waren nur bei einem Teil der Bevölkerung üblich, die Prügelstrafe wurde bei Hörigen angewandt, bei anderen vereinzelt nur dann, wenn sie ohne Grund appellierten und in zweiter Instanz Unrecht erhielten. Endlich diejenige Strafe, welche heute am üblichsten ist, die Entziehung der Freiheit, war vornehmlich eine polizeiliche Maßregel und traf unbemittelte Leute oder Raubgesindel, das dadurch unschädlich gemacht werden sollte.

Über das Wesen der Strafe herrschten zu Karls Zeit keine klaren Vorstellungen. Bald hielt man sie für nötig, um den öffentlichen Frieden zu wahren, bald erschien sie als die natürliche Folge des Vergehens, durch welches Gott und seine Gebote verletzt worden seien. Daneben wollte man auf diesem Weg andere Übeltäter von ihrem Vorhaben abschrecken.

Karls Reformen im Gerichtswesen hatten zum Teil den Zweck, die freie Bevölkerung zu entlasten, damit sie für andere Aufgaben Zeit gewinne. Die hauptsächlichste war die Pflicht des Heerdienstes. Sie ruhte von jeher auf dem Landbesitz und kam an sich nur den Freien zu. Doch pflegte auch die abhängige Bevölkerung, falls sie Land besaß, in den Krieg unter dem Befehl ihres Herrn zu ziehen. Bei dem Heerdienst des fränkischen Volkes muss man zwischen der Pflicht zur Landwehr und der zum Waffendienst jenseits der Grenze unterscheiden. Erstere Pflicht hatten und behielten alle Freien, und ihr wurde der Schutz der Grenze und der Küste gegen feindliche Einfälle gleich geachtet. Hier sogar findet sich eine Art von stehenden Truppen, indem Karl in seinen letzten Jahren einen regelmäßigen Wachdienst längs der Küste und an den Mündungen der Ströme einrichtete. Nur die Last des Kriegsdienstes außerhalb des Reiches hat Karl zu mildern gesucht, weil er mehr als einer seiner Vorgänger in Kriege verwickelt war. Doch fallen diese Reformen erst in die letzten Jahre seiner Regierung. Während bisher jede Hufe einen streitbaren Mann stellte, der sich selbst ausrüsten und Lebensmittel für einen Feldzug von drei Monaten mitnehmen musste, hat Karl im Jahr 807 zunächst für die westlich der Seine gelegenen Gegenden, welche durch eine Hungersnot gelitten hatten, folgende Erleichterung getroffen:

1.) Die Inhaber von Lehen sind insgesamt zum Kriegsdienst in Feindesland verpflichtet.
2.) Für die Besitzer von Eigengütern fällt auf etwa drei Hufen die Pflicht, einen Mann zu stellen, und zwar ist dies der Fall, wenn ein einzelner drei bis fünf Hufen besitzt; haben aber zwei je zwei Hufen oder zusammen drei, so soll der kräftigste unter ihnen dienen und der andere zur Ausrüstung beitragen. Ebenso stellen drei Hufenbesitzer und sechs Halbhüfner immer einen Krieger.

3.) Auch der Besitz von beweglichem Vermögen verpflichtet zum Kriegsdienst, doch sind infolge der Verderbnis einer Stelle in Karls Kapitulare die Zahlenangaben unsicher. Wie es scheint, so waren diejenigen, welche allein oder zusammen fünf Pfund Silber oder hundert Solidi besaßen, gehalten, einen Mann auszurüsten, der eine Beisteuer von fünf Solidi von seinen Genossen empfing.

Diese Erleichterung der Wehrpflicht ist dann im folgenden Jahr etwas abgeändert auf das ganze Reich ausgedehnt worden. Fortan ruht auf dem alleinigen oder gemeinschaftlichen Besitz von insgesamt vier Hufen die Pflicht, einen Mann zu stellen. Dabei wurden Lehen dem Eigengut gleich geachtet, und auch die Hörigen von Grafen und hohen Geistlichen waren dienstpflichtig, wenn sie Land besaßen. Um die wehrhafte Mannschaft zu kontrollieren, wurden Listen angelegt, in welche die Namen der Heerespflichtigen eingetragen wurden. Doch wurde häufig darüber geklagt, dass die Beamten willkürlich verfuhren, indem sie Ärmere zum Dienst heranzogen und Wohlhabende für Geld daheim ließen.

Wenn ein Feldzug in Aussicht stand, so wurde die dienstpflichtige Mannschaft auf einen bestimmten Tag gewöhnlich zu einem Ort geladen, an welchem der König die Reichsversammlung abhielt. Diese Ladung nannte man Heerbann, sie erfolgte entweder durch die Königsboten oder die Grafen in den einzelnen Gauen. Wer dem Ruf nicht Folge leistete, musste eine Buße von 60 Solidi bezahlen. Erst im Jahr 805 hat der Kaiser diese Strafe gemildert, und für die ärmere Bevölkerung haben denselben Zweck die Bestimmungen des Jahres 807, wonach der einzelne Mann mit der Zahlung von einem Solidus sich abfinden konnte.

Es gab einzelne Klassen der Bevölkerung, welche vom Kriegsdienst ganz oder teilweise befreit waren. Eigentlich durften Geistliche überhaupt nicht Waffen tragen, und deshalb waren Mönche und Priester zum Dienst nicht verpflichtet. Da aber die hohe Geistlichkeit Güter mit einer zahlreichen Bevölkerung besaß, so erstreckte sich wenigstens auf diese die Pflicht des Heerdienstes. Gewöhnlich haben Bischöfe und Äbte ihre Kontingente mit ins Feld begleitet. Schon damals hat, allerdings selten, die Verleihung der Immunität dem Klerus das Vorrecht gewährt, mit seiner Mannschaft daheim zu bleiben. Wenigstens traf ihn, wenn er dies tat, nicht die Strafe des Heerbannes. Da die Dienstpflicht zunächst auf dem Grundbesitz ruhte, so brauchten Vasallen nur dann ins Feld zu ziehen, wenn sie Land besaßen. Wenn der Herr durch besonderes Privileg vom Heerdienst befreit war, so traten seine Hinterlassen unter den Oberbefehl des Grafen ihres Gaues. Während des Feldzuges herrschte innerhalb des Heeres ein höherer Friede, und jedes Verbrechen wurde streng bestraft.

Die Heere Karls des Großen waren in Betreff ihrer Truppengattungen anders zusammengesetzt als in neuerer Zeit. Während heute die vornehmste Waffe das Fußvolk bildet, war es bei den Franken jedenfalls die Reiterei, sonst wären diese jährlich wiederkehrenden Feldzüge in die Ferne nicht möglich gewesen. Dadurch unterschied sich noch auf lange Zeit das Heer der Franken von dem sächsischen, das ausschließlich aus Fußvolk bestand. Jeder Heerespflichtige musste sich auf ein halbes Jahr mit Waffen und Kleidung versehen. Das Fußvolk führte Schild, Lanze und Bogen, die Reiterei außerdem ein Schwert oder einen Dolch; Helm und Panzer trugen nur vornehme Leute, einen Brustharnisch z. B. musste der Besitzer von zwölf Hufen anlegen. Die Gewohnheit, Lebensmittel für mehrere Monate mitzunehmen, erklärte es, dass ein großer Tross dem Heer folgte. Nicht nur die Lebensmittel wurden mitgeführt, welche die ausziehende Mannschaft mitgenommen hatte, sondern zur Lieferung von Vorräten waren auch abhängige Leute verpflichtet, und mancherlei wurde dem Ertrag der königlichen Domänen entnommen. Da das Heer in Sachsen mehrmals überwinterte, war man genötigt, Zelte mitzunehmen. Innerhalb des Reiches hatten zwar die Beamten die Pflicht, die nötigen Brücken herzustellen und Kähne zu liefern, um den Übergang über einen Fluss zu ermöglichen; in Feindesland aber brauchte man umfangreiches Material, das man natürlich mitnehmen musste. Deshalb benutzte der König auch mit Vorliebe schiffbare Ströme zum Transport des Trains, weil dann der Marsch beschleunigt werden konnte. Auch mancherlei Belagerungsgerät wurde mitgeführt, wie Schilddächer, Widder zum Niederwerfen der Mauer und Wurfmaschinen. Doch war die Belagerung die schwächste Seite der fränkischen Heere, und die Einnahme einer Stadt dauerte gewöhnlich lange und wurde eher durch den Hunger als durch Waffengewalt herbeigeführt.

Den Oberbefehl über das Heer führte meist der König oder im Fall seiner Abwesenheit einer seiner Söhne, nur wenn mehrere Heere zugleich ins Feld rückten, erhielten auch Markgrafen und Grafen die Führung. In der Regel befehligte der Graf das Aufgebot seines Gaues; er wurde im Fall seiner Behinderung durch den Centenar vertreten. In einzelnen Fällen genügte es auch, geringere Truppenmassen aufzubieten, dann wurde nur aus einzelnen Gegenden des Reiches der Heerbann versammelt.

Da die Darstellung der Kriege Karls des Großen in den gleichzeitigen Quellen wenig eingehend ist, kann man nicht erkennen, worauf besonders das Übergewicht der fränkischen Heere beruhte. Große Schlachten sind selten geschlagen. Den Sieg hatte man meist der Übermacht oder einem geschickten Aufmarsch zu danken. Außerdem ist es wahrscheinlich, dass die Franken ihren Gegnern an Mut nicht nachstanden und ihnen in der Ausrüstung und der Führung der Waffen vielfach überlegen waren.

Die wirtschaftlichen Verhältnisse, deren Kenntnis am besten ein Bild früherer Zustände gibt, sind in Karls Zeit noch wenig geordnet und gar verschiedenartig gestaltet. Es gab wohl von der Zeit der Merowinger her einen Staatsschatz, doch war der des Königs davon nicht geschieden. Er stand unter der Verwaltung des Kämmerers. Da weder Beamte, noch Krieger Sold empfingen und viele der öffentlichen Arbeiten, welche heute von Staatswegen besorgt und bezahlt werden, wie öffentliche Bauten, die Herstellung von Wegen und Brücken, der Privattätigkeit überlassen wurden, so war die Summe der Staatsausgaben sehr gering. Was der König zum Unterhalt seines Hofes brauchte, empfing er meist unmittelbar an den Orten, an welchen er sich aufhielt. Mit Vorliebe besuchte er Bischofsstädte oder Klöster, welche über reiche Mittel verfügten. Die Aufnahme und Bewirtung war eine freiwillige, wurde aber durch Gewohnheit zu einer Art von Verpflichtung. Doch traf diese Last nur die begüterten Kreise, in denen mancher königliche Lehen mit der Pflicht erhalten haben mochte, den Herrscher, wenn er bei ihm einkehrte, ehrenvoll zu bewirten. Im Allgemeinen hat sich aus der germanischen Vorzeit der Grundsatz erhalten, dass der Freie persönlich keine Abgaben zu zahlen braucht.

Alle Leistungen an den Staat sind nur vorübergehender Art und beruhen auf dem Herkommen. Wenn der königliche Hof im Land umherzog oder der König sich auf einem Kriegszug befand, so wurde, wo er erschien, das sog. Fodrum erhoben, das in Lieferung von Lebensmitteln und Futter für die Pferde bestand. An manchen Orten waren ehemalige Hörige königlicher Güter zur Lieferung von Vorspann verpflichtet. Ebenso wie der Hof hatten auch fremde Fürsten und Gesandte, wenn sie durchs Land hin zu Karls Residenz sich begaben, Anspruch auf Verpflegung und Beförderung. In erster Reihe ruhte diese Last auf den geistlichen Stiftern und den königlichen Beamten, doch suchten sich diese durch Erhebung von Beiträgen bei ihren Untertanen zu entschädigen. Auch königliche Beamte genossen auf ihren Dienstreisen diese Vergünstigung, dieselbe wird oft drückend empfunden sein, da man liest, dass z. B. einem Grafen täglich ein Schwein, zwei Frischlinge, drei Hühner, fünfzehn Eier, zwei Tonnen Getränk und drei Scheffel Hafer, endlich dreißig Brote geliefert werden mussten. Natürlich ist dabei auf eine zahlreiche Begleitung der kgl. Beamten Rücksicht genommen. Sie wohnten dann entweder in Staatsgebäuden oder in den besonderen Herbergen, die zur Aufnahme von Reisenden an den Hauptstraßen eingerichtet waren.

Gegenüber dem Mangel an direkten Abgaben stand eine Fülle von Zöllen und indirekten Steuern. Jene wurden nicht etwa wie heute an der Landesgrenze und nur für die Einfuhr, sondern an vielen Orten des Landes von den Kaufleuten erhoben. Doch verfügte Karl, dass nur die althergebrachten Zölle gefordert werden dürften, auch sollte niemand an einem Fluss deshalb angehalten werden, wenn er die Ware nicht aufs Schiff brachte, oder wenn er keine Brücke benutzte. Jedes Schiff war frei, welches unter einer Brücke durchfuhr, ohne zu landen, dagegen wurden Ufer- und Hafenzölle, ferner Wegegelder erhoben, letztere sogar von Reisenden, welche nicht Handel trieben. Nur das meist armselige Gepäck des Pilgers war zollfrei, ferner die Geschenke, welche jemand zum Hof brachte. Endlich wurde Zoll auf den Märkten erhoben, die nur an solchen Orten, welche die Berechtigung dazu hatten, stattfinden durften. Diese Zölle flossen nicht immer in den Staatssäckel, sondern manchmal in die Tasche von Privaten, denen sie entweder zu Lehen gegeben waren, oder welche als Erbauer von Brücken oder Wegen darauf ein natürliches Anrecht hatten. Andererseits erhielten geistliche Stifter und manche Kaufleute, welche der König in seinen besonderen Schutz nahm, Zollfreiheit für bestimmte Gegenden und Reisen. Auch die Höhe des Zolls wechselte, in den königlichen Häfen betrug derselbe zehn Prozent.

Unter den indirekten Steuern steht die Abgabe auf Salz den Zöllen am nächsten. Dieselbe wurde nämlich nicht allein an den Marktplätzen, sondern auch an Orten, welche die Salzschiffe berührten, erhoben und bestand in der Entrichtung von einem oder mehreren Scheffeln. Daneben wird der Zehnte erhoben bei Erbschaften, deren Ordnung durch den König vermittelt war, ferner gab es Abgaben von Mühlen und der Viehweide, falls diese königliches Terrain war. Auch Abgaben von Wein und

Getreide haben sich aus älterer Zeit erhalten, wie z. B. die sog. Osterstufe in Ostfranken.

Den größten Teil der Staatseinnahmen brachten jedoch die königlichen Güter und Forsten ein. In allen eroberten Ländern gingen die dem Herrscher gehörenden Güter in den Besitz des fränkischen Königs über. Sie wurden vermehrt durch Einziehung der Ländereien von Großen, die in Ungnade gefallen waren, ferner durch Besitzungen von Klöstern, als deren Abt der König galt. Ja, dieser betrachtete sich überhaupt als den Herrn der geistlichen Güter in seinem Reich. Außerdem war besonders in den deutschen Gegenden das Hausgut der Karolinger nicht unbedeutend. Diese über das ganze Reich zerstreuten Domänen waren teils an Lehnsleute vergeben, teils wurden sie von königlichen Beamten verwaltet. Eine Domäne, welche aus mehreren Höfen bestand, führte den Namen Fiskus und wurde von einem Richter oder Hofverwalter beaufsichtigt, während auf den einzelnen Gütern Meier die Wirtschaft führten. Diese Beamten stehen unter dem Seneschall und auch in gewisser Beziehung unter der Königin, die nach patriarchalischer Auffassung die Geschäfte einer Hausfrau versieht. Die Gutsbeamten gehören dem Stand der Hörigen an und sind schon durch ihre Abhängigkeit zur Ausübung ihres Amtes verpflichtet, doch sind ihnen für ihren Unterhalt einzelne Äcker überwiesen. Ebenso sind in den königlichen Forsten Förster eingesetzt, welche aber weniger über den Holzbestand, als über die Jagd zu wachen haben. Die Bezeichnung Forst wohnt nur den königlichen Waldungen bei oder solchen, welche sie der König besonders verliehen hat. Hier durfte niemand außer dem König jagen, und Wilddiebstahl wurde streng geahndet. Die Verwalter der Domänen hatten nicht allein die Bewirtschaftung derselben unter sich, sondern übten alle Rechte aus, welche heute der Verwaltung, der Polizei und dem Richterstand obliegen, ja sie erhoben die Zölle und Abgaben und leiteten die industriellen Unternehmungen wie Bergwerke und Brauereien, wo diese auch immer auf den Gütern sich vorfanden. Das Rechnungsjahr endete um Weihnachten, und die Abrechnung fand in der folgenden Fastenzeit statt. Sehr eingehend sind die Bestimmungen, welche Karl für seine Güter erlassen hat. Von den Erträgen wurde ein Teil für den Hof oder für eine Heerfahrt ausgeschieden und musste dann dem König zugeführt werden, wenn sich dessen Lager in der Gegend der betreffenden Domänen befand. Auf den Gütern gab es ferner Kelleraufseher und Proviantmeister, Zollbeamte und Gesindeinspektoren, außerdem viele Handwerker, darunter solche, die man heute auf dem Land schwerlich sucht, wie z. B. Gold- und Silberschmiede und Seifensieder. Doch ist dies erklärlich, weil bisweilen Bergwerke zu den Domänen gehörten, und weil damals das auf tiefer Stufe stehende Handwerk noch nicht seinen Sitz in den Städten genommen hatte. Wie großen Wert Karl auf seine Landgüter legte, zeigt auch eine Verordnung vom Jahr 812, welche statistische Erhebungen auf den Domänen anzustellen gebietet.

Obgleich vielfach die Errichtung öffentlicher Bauten und Anlagen Privaten überlassen wurde, die an ihrer Herstellung ein Interesse hatten, konnte sich die königliche Staatsregierung dieser Pflicht nicht völlig entziehen, zumal wenn es sich um Anlagen von größerem Umfang handelte. Es ist bekannt, dass Karl einen Kanal zwischen Altmühl und Rednitz zu bauen unternahm, diesen Plan aber bald infolge der Ungunst der Witterung aufgeben musste. Ob er dabei den Handel unterstützen oder nur die Beförderung von Kriegsmaterial nach der Ostgrenze erleichtern wollte, lässt sich nicht feststellen. Auch sonst wurden Handelsstraßen angelegt, ein Leuchtturm an der Meeresküste wiederhergestellt, ferner Brücken gebaut, darunter eine über den Rhein bei Mainz, ein Holzbau, der im Jahre 813 abbrannte. Auch Bauten von Kirchen und Palästen kommen hier in Betracht. Am meisten wurde Aachen mit ihnen geziert, wo Karl durch den Magister Odo eine Kirche zu Ehren der Jungfrau Maria erbauen ließ. Zum Schmuck derselben war Marmor und Gold vielfach verwandt; ganze Säulen wurden aus Rom und Ravenna dorthin geschafft und mit Erlaubnis des Papstes Bildwerke und Mosaike dem königlichen Palast in Ravenna entnommen. Den neben der Kirche gelegenen Palast aus der Merowingerzeit baute der Kaiser aus, wie man aus den verschiedenen Arten des Mauerwerks der Fundamente schließen kann. Über einem Untergeschoss, welches wahrscheinlich für das Gefolge und die Dienerschaft bestimmt war, erhob sich ein gewaltiges Bauwerk, welches in seinem östlichen Teil die für die kaiserliche Familie bestimmten Gemächer, in seinem westlichen den Reichssaal enthielt. Zu diesem führte von außen her eine Freitreppe hinauf. An der Ostseite des Daches, das ziemlich flach angelegt und mit Bleischindeln gedeckt war, breitete der kaiserliche Adler von Erz seine Schwingen aus. Während die Pfalz schon im 12. und 13. Jahrhundert durch Feuer zerstört wurde, erhielt sich der Reichssaal bis ins 14. Jahrhundert; an seiner Stelle ist dann das Rathaus erbaut worden. Hier fand auch das Reiterstandbild Theoderichs seine Aufstellung, das Karl aus Ravenna überführt hatte.

In gleicher Weise hat der Kaiser in Ingelheim und Nimwegen Paläste errichtet, von denen der erstere durch einen Dichter aus Ludwigs des Frommen Zeit eine poetische Verherrlichung erfahren hat. Dieselbe hat vornehmlich die Gemälde zum Gegenstand, mit welchen der Palast und der Vorhof der benachbarten Kirche geschmückt waren. Während hier der Maler seinen Stoff der biblischen Geschichte entnommen hatte, brachte er im Palast weltliche Begebenheiten zur Darstellung, darunter auch einen Sieg Karls über die Sachsen.

Seine Vorliebe für die Jagd veranlasste den Kaiser Tiergärten, welche eingehegt waren, anzulegen. In diesen wurde Hochwild gehalten. Über die Art, wie diese öffentlichen Bauten hergestellt wurden, berichtet der Mönch von St. Gallen, dass geringere von den Grafen ihren Unterbeamten übertragen wurden, bedeutendere von Grafen und Herzögen oder, wenn es Kirchen waren, von hohen Geistlichen gemeinsam erbaut und mit Wandgemälden und Holztäfelung geschmückt wurden.

Wichtige Reformen hat Karl im Münzwesen durchgeführt. Er ist von der Gold- zur Silberwährung übergegangen, weil Silber häufiger war. Durch eine Verordnung von 780 wurde bestimmt, dass aus einem Pfund Silber zwanzig Solidi zu je zwölf Denaren geprägt werden sollten. Gesetzlich enthielt der Denar bei einem Pfund von 367 g 1,52 g Feinsilber und hatte etwa den Wert von 25 Pfennigen. Karl war bemüht, die älteren, wie es scheint, leichteren Münzen aus dem Verkehr zu verdrängen, und es ist schwer erklärlich, warum man diese in vielen Gegenden bevorzugt hat. Trotzdem kam es zu keiner Münzeinheit; so gab es z. B. bei Sachsen, Bayern und Friesen besondere Münzen. Während früher die Münzen die Namen der einzelnen Münzmeister trugen (wie noch auf einer der Abbildungen: Odalricus), weisen sie jetzt den Namen des Königs, zuweilen mit dem Zusatz „König der Franken", auf. Auf der Rückseite steht meist der Name der Münzstätte, so auf den unten abgebildeten Münzen Aachen, Dorstat (heute Wyk bij Duurstede), Mainz, Boppard, Straßburg, Mons. Es gab im fränkischen Reich viele Münzstätten, und wenn auch Karl im Jahr 806 bestimmte, dass nur an seinem Hof Münzen geprägt werden sollten, so ist diese Verordnung nie durchgeführt worden. Das Münzrecht blieb Regal, wenn auch Privatleute ihr Edelmetall gegen Abgabe eines Prozentsatzes für die Prägung ausmünzen lassen konnten. Nur der Fürst von Benevent durfte eigene Münzen schlagen, welche allerdings des Kaisers Namen trugen. Erst in der späteren Karolingerzeit kam das Münzrecht durch Verleihung oder Missbrauch an geistliche und weltliche Große. Karl hat in seinen Gesetzen oft Bestimmungen gegen Falschmünzer erlassen, doch fertigten diese nur in seltenen Fällen falsches Geld, sondern sie schlugen oft vollwertige Münzen, ohne dass ihnen ein Recht zustand, und begnügten sich mit dem Gewinn, den die Prägung abwarf. Wir fügen auf Seite 129 und 131 die Abbildung einiger Münzen Karls bei.

Fig. 6.

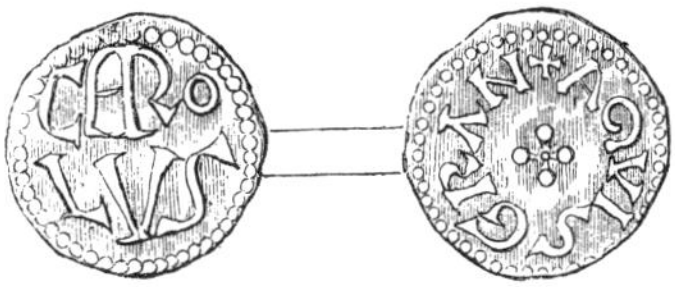

Carolus Aquisgran. (Aachen.)

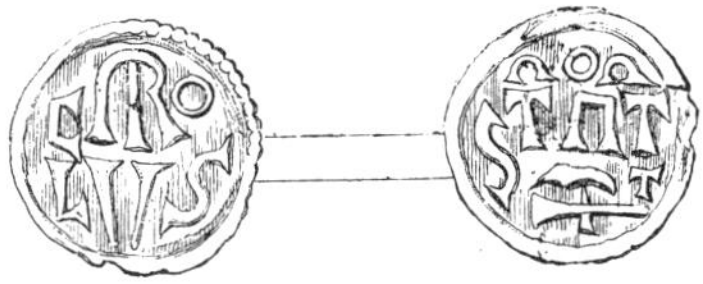

Carolus Dorstatt.

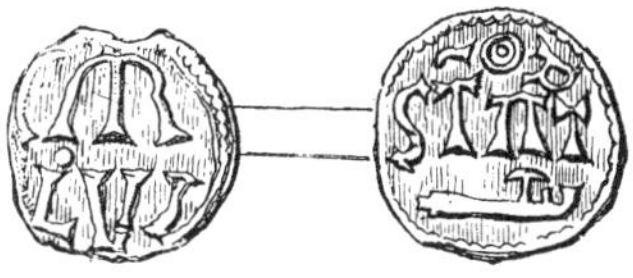

Carlus Dorstat.

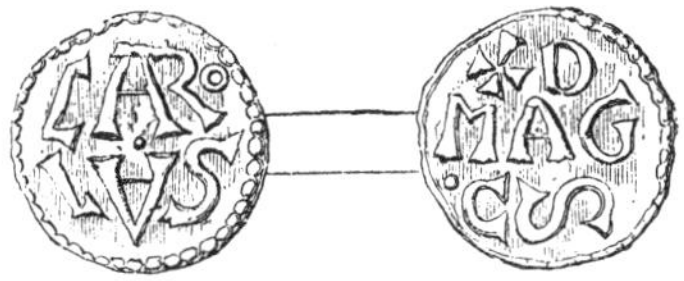

Carolus Mago. Civi. (Mainz.)

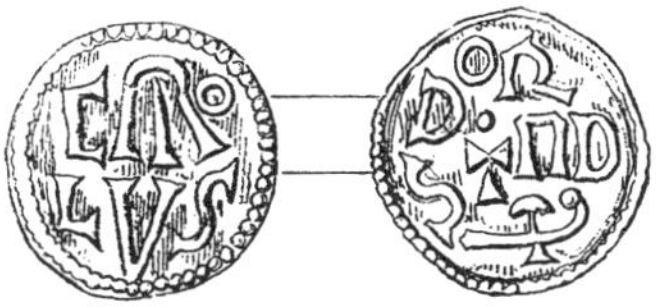

Carolus Dorstad.

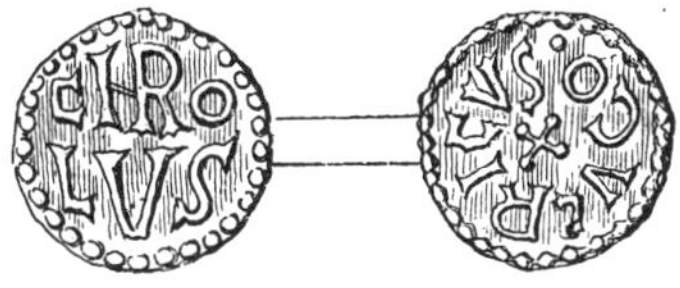

Carolus Odalricus.

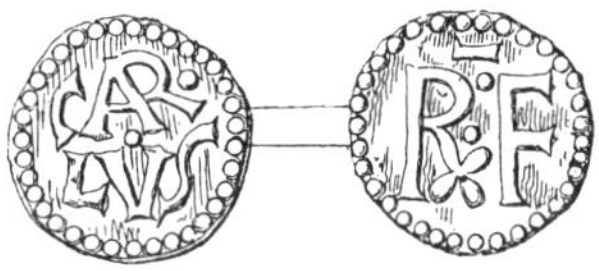

Carolus R. F. (rex Francorum.)

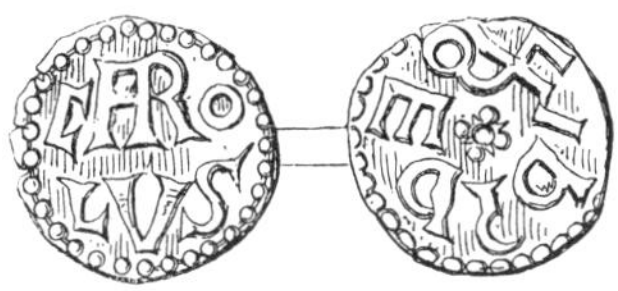

Carolus Boppert. (Boppard.)

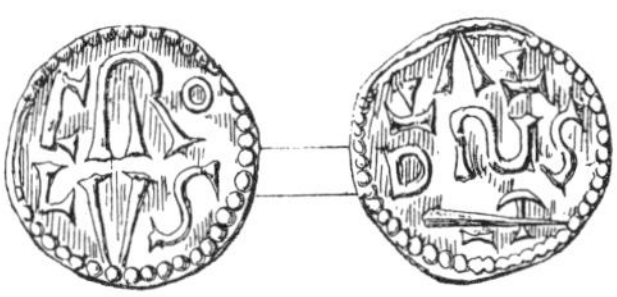

Carlus Durstat.

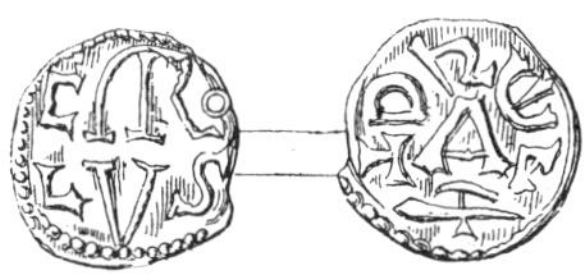

Carolus Durestat.

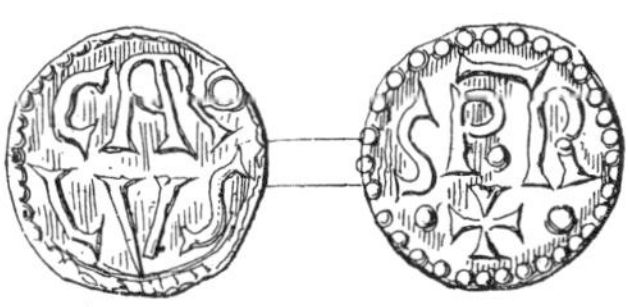

Carolus Spr. (Speier.)

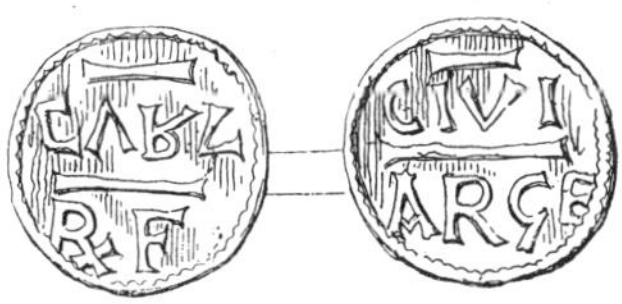

Carl R. F. Civi. Arge. (Straßburg.)

Karls Münzen. (Aus Cappe, Die Münzen der deutschen Kaiser und Könige des Mittelalters.

Auch auf die Richtigkeit der Maße und Gewichte hat Karl sein Augenmerk gerichtet; besonders kam es ihm darauf an, einheitliche Bestimmungen für das gesamte Reich zu treffen. Der Binnenhandel durfte ausschließlich an Marktplätzen betrieben werden, und zwar gab es Wochen- und Jahrmärkte. Am Sonntag sollte nur ausnahmsweise Markt abgehalten werden. Von Handelsplätzen erscheinen am bedeutendsten Mainz, Worms, Maastricht, Poitiers, ferner die Seeplätze Wicquinghem an der Canche, Duurstede und Sluis. Alle Kaufleute standen unter dem Schutz des Königs, und selbst Fremden wurde dieser gewährt, wofür sie Abgaben zu entrichten hatten. Über den Handel wurden besondere Vorschriften erlassen, um der Übervorteilung zu steuern, ja es wurden Preise vorgeschrieben, nicht allein für das Getreide, sondern selbst für Kleidungsstücke. Während einer Hungersnot war die Ausfuhr von Getreide verboten, in allen Fällen aber die von Sklaven und Waffen. Juden, die neben den Friesen am meisten dem Handel oblagen, durften in ihren Läden weder Wein, noch Korn verkaufen und Wertgegenstände, die einer Kirche gehörten, in keiner Weise erwerben. Abweichend von modernen Anschauungen ist das Verbot des Zinsennehmens, das man aus der Bibel folgerte, wodurch Geldgeschäfte sehr erschwert wurden. Ebenso wenig durften Gegenstände, deren Lieferung nicht augenblicklich erfolgen konnte, wie z.B. Getreide auf dem Halm und Wein an den Reben, gehandelt werden.

Öffentliche Einrichtungen, welche der heutigen Post entsprechen, hat es schon im Altertum gegeben; etwas Ähnliches, wenn es auch noch unvollkommen war, haben die Franken von den Römern übernommen. Es bestand nämlich zu Karls Zeit für die Grafen und andere höhere Beamte die Verpflichtung, Briefe und Nachrichten durch Boten zu Ross und Fuß weiter zu befördern. Auch sonst lag es manchen Privaten ob, dergleichen Botendienste von Staatswegen zu tun.

Eine weniger bevorrechtete Stellung als später in katholischen Ländern nahm zu Karls Zeiten die Geistlichkeit ein, da der König auch die Gestaltung der kirchlichen Verhältnisse zu den Aufgaben seines Amtes rechnete. Es gab im Reich eine Anzahl von Erzstiftern, deren Inhaber, die Metropoliten, die Aufsicht über mehrere Bistümer hatten, während den Bischöfen der niedere Klerus untergeben war. In Deutschland war Mainz das angesehenste Erzstift, von ihm waren die meisten deutschen Bistümer abhängig. Die bayerischen standen unter Salzburg, die niederrheinischen und ein Teil der sächsischen wurden Köln zugewiesen, wo erst unter Karl ein Erzbistum errichtet wurde. Im späteren Lothringen galt Trier als Metropole.

Fig. 6 a.

Carl R. F. Civi. Arge. (Straßburg.) Carolus Cils. (Castrilocus, d. i. Mons.)

Karls Münzen. (Aus Cappe, Die Münzen der deutschen Kaiser und Könige des Mittelalters.)

Während die Besetzung der Erzstifter vornehmlich vom Papst abging, der das Pallium, einen Mantel, welchen nur Erzbischöfe tragen durften, verlieh, lag die Besetzung der Bistümer ausschließlich in der Hand des Königs. Selbstverständlich konnte der Bischof abgesetzt werden, wenn er die dem König gelobte Treue brach, allerdings nur, nachdem er von einer Synode verurteilt war. Die hohen Geistlichen waren weder Kirchenfürsten im Sinn des späteren Mittelalters, noch Beamte wie heutzutage, wenn sie auch der König gleich den Grafen für politische Zwecke brauchte. Gehalt empfingen sie nicht; sie lebten vielmehr von dem Ertrag der Güter, welche ihrer Kirche gehörten. Wohl war unter Karl Martell ein großer Teil des Kirchengutes eingezogen worden, aber davon war inzwischen einiges wiedererstattet worden, und sonst war der Zehnte oder Neunte, welchen die

Insassen des Bistums, selbst königliche Domänen zu zahlen hatten, ausreichend, um auch größere Bedürfnisse zu befriedigen.

Ein großer Teil der geistlichen Güter war zum Nießbrauch an Privatleute gegeben, wofür diese zur Zahlung von Zins und zu Diensten, die genau bestimmt waren, verpflichtet waren. Man nannte solche Übertragung von Gut ein Benefizium oder eine Precaria. Da der König sich als den eigentlichen Herrn des Kirchengutes betrachtete, verlieh er auch ohne Rücksicht auf die Geistlichkeit ihre Ländereien, besonders schaltete er frei mit den Besitzungen der Klöster. Als Zins war von ihnen, so bestimmte es wenigstens Karl, meist der Zehnte und Neunte zusammen an die Kirche zu entrichten und außerdem eine kleine Geldabgabe. Ferner lag den Inhabern geistlicher Benefizien eine teilweise Verpflichtung zur Erhaltung der Kirchengebäude ob.

Die niedere Geistlichkeit setzte sich aus sog. Chorbischöfen, Archidiakonen und Priestern zusammen. Die erstgenannten waren Stellvertreter des Bischofs und besorgten dessen Geschäfte auf dem platten Land, was eigentlich wider die Kirchenordnung verstieß und von Karl deshalb verboten wurde. Die Archidiakonen waren weniger Priester als bischöfliche Verwalter und hatten daneben die Aufsicht über einen Teil der Geistlichkeit, doch ist eine Einteilung der Bistümer in Archidiakonate zu Karls Zeit noch nicht nachzuweisen. Die Presbyter oder Priester bildeten nun die eigentliche Pfarrgeistlichkeit; waren mehrere an einer Kirche angestellt, so hieß ihr Oberster Dekan. So ungeordnet waren jedoch manchmal die Verhältnisse, dass Laien eine oder mehrere Kirchen besaßen und Geistliche dort nur Predigt hielten. In den Klöstern wurden die Äbte vom König ernannt, obwohl sie eigentlich von den Mönchen gewählt werden sollten. Oft wurden Klöster Laien als Benefizium verliehen, und dann waren die Äbte nur ihre Stellvertreter. Unter ihnen standen bisweilen Pröpste, welchen in Nonnenklöstern regelmäßig die äußere Verwaltung übertragen war. Die Geistlichkeit war durch ein höheres Wergeld vor der übrigen Bevölkerung ausgezeichnet.

Wie das Kirchengut, so wurden auch die Güter von Laien, vor allem die des Königs weiter als Benefizium übertragen. Durch diese Verleihung wurde kein Eigentum begründet, sondern sie galt nur auf Lebenszeit. Der König verlangte nur in seltenen Fällen von seinen Benefizien Zins, gewöhnlich wählte er diese Form, um Anhänglichkeit zu belohnen oder um sich die Dienste angesehener Leute zu sichern. Nur dann scheint ein Zins gezahlt zu sein, wenn jemand sein Gut einem königlichen Hof übertrug und dann als abhängiges wieder zurücknahm, eine Form, die man sonst nur der Kirche gegenüber wählte. Jedermann konnte sein Benefizium, das er vom König empfangen, weiter übertragen.

Nicht bloß einzelne Landgüter wurden in dieser Weise verliehen, sondern oft ganze Kirchen und Klöster mit ihrem Besitz, anderseits Rechte, welche Ertrag boten, wie Zölle, Forstrecht und Fischerei. Doch galt unter Karl noch nicht das Amt als ein Lehen. Mannigfaltig ist die Zahl der Personen, welche wir Benefizien empfangen sehen. Meist waren es Freie, aber auch Hörige werden trotz ihrer Unfreiheit damit bedacht, ferner die Geistlichkeit, hohe Beamte, Mitglieder der königlichen Familie und schließlich der König selbst. Oft kam es vor, dass jemand von mehreren zugleich verschiedene Benefizien erhielt, doch sollte, als eine Reichsteilung in Aussicht stand, niemand Benefizien in einem Teilreich, dem er nicht angehörte, annehmen dürfen. Obwohl es Vorschrift war, dass die Übertragung von Benefizium nur Gültigkeit für die Lebenszeit des Empfängers und Gebers haben sollte, so machte sich doch allmählich Erblichkeit geltend, wenn sich auch die Erben ihr Benefizium immer von neuem übertragen lassen mussten. Meist büßte man das Lehnsgut ein, wenn man sich treulos erwies oder der gebotenen Kriegspflicht nicht genügte, obwohl es bei dieser gestattet war, sich durch rüstige Verwandte vertreten zu lassen.

Schon die Annahme von Benefizium hatte eine persönliche Abhängigkeit vom Lehnsherrn zur Folge, aus welcher sich die Pflicht zu besonderer Ergebenheit herleitete. Gemeinhin wurde diese noch verstärkt durch das Verhältnis der Vasallität, in welches der Lehnsmann zu treten pflegte. Dieselbe beruht auf einer uralten keltischen Einrichtung, ist aber im fränkischen Reich weiter entwickelt worden und hat in ihrer Verbindung mit dem Benefizialwesen den mittelalterlichen Lehnsstaat geschaffen. Man wurde Vasall eines anderen, indem man seine Hände gefaltet in die des anderen legte. Dadurch war dieser zum Schutz des Vasallen verpflichtet, während er auf dessen Dienst Anspruch erheben konnte. Sowohl Geistliche als Laien konnten Vasallen werden, und umgekehrt war die Annahme von Vasallen nicht auf den König oder auf die Großen beschränkt, sondern dies Verhältnis verpflanzte sich bis in die unteren Kreise fort. Auch ein Versprechen besonderer Treue ist seitens des Vasallen üblich geworden, und vornehmlich waren Geistliche dazu verpflichtet. Vorzugsweise werden Freie zu Vasallen angenommen, ist dies bei Hörigen der Fall, so werden diese dadurch besonders geehrt. Man hat wohl gemeint, dass Lehnswesen und Vasallität zwei ganz verschiedene Verhältnisse waren, die nicht bei derselben Persönlichkeit zutrafen, da z. B. Frauen Benefizien erhalten, aber nicht Vasallen werden konnten, doch lassen sich aus den Urkunden der Karolingerzeit Beweise darbringen, dass gar oft der Empfänger eines Benefiziums in das Verhältnis des Vasallen eintrat. Nur wenn jemand einer Kirche sein Gut schenkte und als Lehen zurücknahm, um dadurch Schutz und andere Vorteile zu erlangen, pflegte er nicht zugleich Vasall der Kirche zu werden. Wenn aber der König jemand mit Kirchengut belehnte, so wurde in der Regel der Empfänger auch sein Vasall, doch zunächst nicht der des Stiftes, welchem das Gut gehörte. Wie man von mehreren Benefizien erhalten konnte, so durfte man auch mehrerer Vasall werden, zumal wenn einer der Herren der König war. Es kommen Fälle vor, dass jemand seinen Sohn oder ein Prälat die unter ihm stehenden Geistlichen veranlasst, einem Herrn den Eid des Vasallen zu leisten, doch konnte dies ohne deren ausdrückliche Einwilligung nicht geschehen. Da das Verhältnis auf gegenseitiger Übereinkunft beruhte, so konnte es auch gelöst werden, doch hat Karl in einer Verfügung von 813 dies auf folgende Fälle beschränkt: der Vasall darf seinen Herrn nur aufgeben, wenn er ihn hat töten oder ihn und die Seinigen an Gut oder Freiheit oder sonst hat schädigen wollen. Das Verhältnis hörte in der Regel mit dem Tod auf, doch konnte es auch auf den Erben übertragen werden. Der Schutz, den die Vasallen genossen, trat zunächst ein, wenn sie vor Gericht erscheinen mussten. Die Vasallen des Königs hatten noch besondere Vorrechte, wenn ihnen auch, wie den alten Gefolgsgenossen, kein höheres Wergeld zukam. Der Dienst andererseits, welchen die Vasallen leisten mussten, war von der verschiedensten Art. Nur in den seltensten Fällen handelt es sich um Dienstleistungen, wie sie Hausgenossen einem Herrn zu tun pflegen. Oft bildeten die Vasallen das Gefolge ihres Herrn, wenn er auf einem Kriegszug oder in öffentlicher Versammlung auftrat. Zwar gehörte die Heeresfolge nicht zu den Obliegenheiten des Vasallen, da die Pflicht des Kriegsdienstes auf dem Landbesitz ruhte, aber in Wirklichkeit machte das keinen Unterschied, da oft der Inhaber eines Benefiziums Vasall war. Schon unter Pippin und dann auch unter Karl dem Großen ist das Verhältnis der Vasallität angewandt worden, um die Abhängigkeit mächtiger Großen zu erhöhen, ja benachbarte Fürsten und Könige haben Karl den Lehnseid geleistet, was allerdings keine reale Bedeutung gehabt hat. Auch auf das fränkische Beamtentum hat die Vasallität ihren Einfluss ausgeübt, insofern als dessen Verpflichtung zur Treue der des Vasallen nachgebildet wurde; selbst bei Geistlichen, vor allen bei den Inhabern der Klöster, ist dies der Fall gewesen. Auch der Eid der Treue, welchen sich Karl als König und später nochmals als Kaiser leisten ließ, ist gleichlautend mit dem bei der Begründung der Vasallität üblichen. Damit hängt zusammen, dass bei manchen Schriftstellern jener Zeit alle Untertanen als Vasallen des Königs aufgefasst werden.

Bei dieser Lage der Verhältnisse setzte sich das fränkische Volk aus einer Vielzahl von Genossenschaften zusammen, welche durch materielle und ethische Bande miteinander verknüpft waren. Doch auch so standen sie dem Staat nicht in gleicher Stellung gegenüber. Es gab Korporationen, vor allen die geistlichen Stifter und Individuen, welche durch besondere Privilegien der staatlichen Einwirkung entrückt waren. Solche Vorrechte gewährte die sog. Immunität, wie wir schon bei der Besprechung der Rechtspflege hervorgehoben haben. Doch von der Verpflichtung zum Kriegsdienst befreite die Immunität meist nicht, gewöhnlich aber von allen Zöllen und indirekten Abgaben. Durch diese Ausnahmestellung gewannen die geistlichen Stifter und manche weltlichen Gebiete gleichsam eine Stellung außerhalb des Staatsverbandes, mit ihnen ein großer Teil der Bevölkerung. Dieser Vorgang ist höchst eigentümlich, wenn man erwägt, wie sehr Karl d. Gr. dem Bestehen von partikularen Herrschaften abgeneigt war. Die Herzogtümer hat er zu beseitigen vermocht, stattdessen nahmen die partikularen Gebiete zu, in welchen viele Rechte des Staates von den Großen ausgeübt wurden.

Werfen wir zum Schluss noch einen Blick auf die ständischen Verhältnisse. Der altgermanische Adel hat sich nur bei wenigen deutschen Stämmen, wie Sachsen und Friesen, erhalten. Andererseits hat sich die Zahl der Freien verringert, oder diese haben wenigstens durch Eintritt in die Vasallität Minderung ihrer Freiheit erfahren. Statt eines Geburtsadels ist eine Art Beamtenadel entstanden und ihm gelten im öffentlichen Leben gleich Männer, die durch Eigengut oder Lehen reich geworden sind. Obwohl Karl gesetzlich zu verhindern suchte, dass ein Freier in Knechtschaft geriet, so war doch die Lage mancher, die zu einem Großen in Abhängigkeit standen, oft eine recht bedrückende, zumal da die Lasten und Pflichten sich von Jahr zu Jahr mehrten. Umgekehrt ist die Stellung von ursprünglich Unfreien eine bessere geworden, wenn sie Land als Benefizium erhalten haben. So bildet sich aus der Verschmelzung zweier ursprünglich verschiedener Stände eine neue Klasse abhängiger Bevölkerung. Besser ist die Lage der auf den königlichen Gütern ansässigen Zinsleute, obwohl sie ursprünglich nur zum Teil Freie gewesen waren. Sie nehmen einen höheren Rang als die Hörigen ein und stehen den Vollfreien fast gleich. Außerdem gab es in alter Weise Hörige und Knechte. Letztere galten nach wie vor als Eigentum ihres Herrn, durften jedoch nicht außer Landes verkauft werden. Der Herr besaß gegen sie ein Strafrecht, musste aber für ihren Unterhalt sorgen. Aus ihrer bedrängten Lage konnten sie sich emporarbeiten, wenn sie Geistliche wurden, was ihnen allerdings sehr erschwert wurde.

Wenn man zu diesen ständischen Abstufungen noch die Verschiedenheiten hinzunimmt, welche die Nationalität mit sich brachte, wenn man ferner erwägt, dass demselben Gau geistliche, d. h. rechtlich ausgeschiedene und weltliche Gebiete in der mannigfachsten Lehnsabhängigkeit angehörten und dass außerdem jeder Gaugenosse nach seinem persönlichen Recht gerichtet werden musste, so bekommt man eine Ahnung von der Schwierigkeit der damaligen Verwaltung und Rechtspflege. Man könnte sagen, die Ungleichheit aller war der erste Grundsatz des fränkischen Staates.

Kapitel XV.

Karls Sorge für Wissenschaft und Bildung

Im Zeitalter der Merowinger war die von den Römern überkommene Bildung vernachlässigt worden. Dies zeigt sich nicht allein in den seltenen Produkten literarischer Tätigkeit, sondern auch in deren Komposition und Stil. Das Latein, in welchem die wenigen Geschichtsquellen und nun vollends die Urkunden abgefasst sind, ist ganz barbarisch, in Flexion und Konstruktion inkorrekt. Die in zahlreichen Manuskripten noch erhaltene Schrift ist unschön. In allen diesen Dingen hat Karl der Große eine Besserung herbeizuführen gesucht. Seine Jugendbildung war mangelhaft gewesen, trotzdem schätzte er die Wissenschaft und ihre Vertreter hoch und suchte sich noch als reifer Mann Kenntnisse zu verschaffen. Wie Einhard berichtet, lernte er noch Latein und Griechisch; in ersterer Sprache erlangte er solche Gewandtheit, dass er sie wie die deutsche brauchte. Griechisch konnte er besser lesen als sprechen, auch einzelne Teile der damaligen Wissenschaft, wie Grammatik, Rhetorik, Dialektik und Astronomie trieb er systematisch. In der Grammatik war Petrus von Pisa sein Lehrer, in den übrigen Wissenschaften der gelehrte Alkuin. Man wird gestehen, dass diese Bildung für jene Zeit keine geringe war, umso seltsamer klingt es, wenn man liest, dass es Karl nur zu einer mäßigen Fertigkeit im Schreiben brachte. Allerdings machte man damals an die Schönheit der Schrift größere Ansprüche als heute und es gehörte ein kalligraphisches Talent und frühe Gewöhnung dazu, um es zu einer guten Handschrift zu bringen. Karl übte sich in müßigen Stunden, ja selbst des Nachts, wenn er schlaflos dalag, griff er zu Wachstafel und Papier, die immer bereitgehalten wurden. Eine Abbildung von Karls Monogramm findet sich auf S. 141 Fig. 9.

Bei seinem dritten Aufenthalt in Italien, im Jahr 781, lernte Karl in Parma Alkuin kennen, der im Auftrag des Erzbischofs von York gerade nach Rom reiste. Er veranlasste ihn an den fränkischen Hof zu kommen und übertrug ihm die Leitung aller wissenschaftlichen Bestrebungen. In demselben Jahr kam Petrus von Pisa und im folgenden Paulus Diakonus, der sich bisher am Hof des Herzogs von Benevent aufgehalten hatte, ins Frankenreich. Diese drei Männer haben sich nun viele Jahre lang in Karls Umgebung aufgehalten, hier als Gelehrte und Lehrer gewirkt. Ihnen verdankt man teils theologische oder poetische, teils historische Schriften, die nicht allein als Vorbild für die jüngere Generation im fränkischen Reich dienten, sondern, wenigstens was die historischen Werke anbetrifft, von bleibendem Wert sind.

Karl errichtete an seinem Hof eine Schule, in welcher er, seine Kinder und viele edle Jünglinge Belehrung suchten und fanden. Hier bildeten sich Gelehrte, wie Angilbert und Einhard, ferner Geistliche, die später als Äbte oder Bischöfe die Bildung in die fernsten Gegenden des Reiches verpflanzten. In diesem Kreis von Gelehrten bewegte sich Karl mit jener Einfachheit und Bescheidenheit, welche den großen Mann kennzeichnen. Man vereinigte sich zu regelmäßigen Sitzungen, in welchen wissenschaftliche Themata besprochen, poetische Arbeiten vorgelesen und Rätsel aufgegeben wurden. Hier war die Scheidewand gefallen, welche den Kaiser von seinen Vasallen trennte, und jeder Teilnehmer trat da unter dem Namen auf, der ihm aus der jüdischen oder klassischen Vorzeit am meisten zusagte. So hatten der König und Einhard die Namen David und Beseleel (Erbauer der Stiftshütte) gewählt, während sich Angilbert Homer und Alkuin Flaccus nannten, um nur der Koryphäen jenes Kreises zu gedenken.

Doch die Wissenschaft war für Karl nicht ein Mittel zur eigenen Ergötzung, noch ein Schatz, aus dem nur Auserwählte schöpfen durften, nein, er wollte sie allmählich der ganzen Nation zugänglich machen.

Wie ein Rundschreiben vom Jahr 789 beweist, hatte er die Absicht, eine Anzahl von Schulen zu errichten, um wenigstens den Geistlichen eine leidliche Bildung zu verschaffen. Er hatte nämlich an dem schlechten Latein der schriftlichen Eingaben, die er aus Klöstern empfing, Anstoß genommen und glaubte, dass Leute mit so mangelhafter Bildung auch schlechte Theologen sein müssten. Deshalb erließ er schon vor der Kaiserkrönung ein Rundschreiben an die Erzbischöfe, welches die Errichtung von Schulen empfahl, in denen die Geistlichen wenigstens im Lesen und Kirchengesang unterwiesen wurden. So sind an vielen Orten im Reich Schulen entstanden, unter denen die in Tours, welche Alkuin errichtete, in Utrecht, Fulda, Reichenau u. a. weithin Ruf erhielten. Die Zöglinge lernten zunächst Lesen und Schreiben und zwar in einer Schrift, welche ein eigentümliches, schönes Gepräge zeigt, wurden in den bei der Liturgie vorkommenden Gesängen geübt und endlich in die Elemente der Theologie eingeführt. Das Mindeste war, dass sie das Glaubensbekenntnis und das Vaterunser auswendig lernten. Eine weit gründlichere Bildung wurde den Begabteren auf den Hochschulen gewährt. Sie wurden zunächst in den sieben freien Künsten unterwiesen, die Alkuin den sieben Säulen des Hauses der Weisheit bei Salomo vergleicht, weil sie am besten für das Studium der Theologie vorbereiten. Es sind Grammatik, Rhetorik, Dialektik, Arithmetik, Geometrie, Musik und Astrologie. Für die drei ersten Unterrichtsfächer hat Alkuin in der Form von Dialogen Handbücher verfasst, die einen Leitfaden für die Repetition bilden sollten.

Im Auftrag Karls musste Paulus Diakonus eine Sammlung von Homilien, welche Lesestücke für jedes Fest im Jahr enthielt, veranstalten. Die für den Schulgebrauch nötigen Bücher konnte man nur durch Abschreiben gewinnen, und dazu hielt Karl geeignete Geistliche an. Um fehlerfreie Texte zu haben, ließ er die

Fig. 8.

Relief von Karls Evangelienkodex. (Aus Bock, Karls d. Gr. Pfalzkapelle und ihre Kunstschätze.)

Handschriften der Bibel durchsehen. Er selbst und manche Bischöfe und Äbte sammelten Hunderte von Handschriften. Aus Karls Zeit hat sich ein Pergamentkodex der Evangelien erhalten, welcher auch deshalb interessant ist, weil auf ihn die deutschen Könige und Kaiser den Eid bei der Krönung zu leisten pflegten;

er befand sich lange unter den Reichskleinodien in Aachen und kam zu Ende des vorigen Jahrhunderts nach Wien. Obwohl der Einband erst im 16. Jahrhundert hergestellt ist, geben wir hier eine Abbildung des darauf befindlichen Reliefs, welches die Wiederkunft Christi darstellt (s. Fig. 8).

Nach der Kaiserkrönung scheint Karl mit dem Plan umgegangen zu sein, förmliche Volksschulen einzurichten, wenigstens findet sich in einer Verordnung ein Passus, der den Schulbesuch auch für weitere Kreise zur Pflicht macht. Der Bischof Theodolf von Orleans hat allerdings seinen Geistlichen befohlen, überall auf den Dörfern unentgeltlichen Unterricht zu erteilen, aber dies ist vereinzelt gewesen. Jedenfalls tut man unrecht, schon in Karls Zeit die Anfänge der Volksschule anzunehmen. Wie sehr ihn aber wegen seiner Sorge für den Unterricht spätere Generationen verehrt haben, zeigen mehrere Anekdoten, welche der Mönch von St. Gallen erzählt. Karl habe nämlich durch einen irischen Geistlichen, namens Clemens, in Gallien eine Schule errichten lassen. Als er dieselbe nach langer Abwesenheit besuchte, wollte er sich von den Fortschritten der Knaben überzeugen und verlangte die Briefe und Gedichte zu sehen, welche sie angefertigt hatten. Da zeigte es sich, dass Knaben von niederer Herkunft vortreffliche Arbeiten aufzuweisen hatten, während die Kinder der Vornehmen Geschwätz vorbrachten. Karl stellte, wie der Herr beim jüngsten Gericht, die guten Schüler zu seiner Rechten und redete sie so an: „ Habt Dank für euren Fleiß, dessen Früchte ihr selbst genießen werdet, denn wenn ihr auf dem guten Weg fortfahrt, werde ich euch, wenn ihr erwachsen seid, prächtige Klöster und Bistümer übertragen.“ Doch mit Unwillen wandte er sich zu den faulen Buben zu seiner Linken und sprach sie mit entsetzlichem Hohn so an: „Ihr hochgeborenen Söhnchen, ihr zierlichen Püppchen! Ihr seid wohl auf eure Abkunft und euren Reichtum stolz? Wie habt ihr es wagen können, meinen Befehl zu missachten und in Müßiggang und Spiel die Zeit zu verbringen? Beim Herrn des Himmels, ich gebe nicht viel auf euren Adel und euer hübsches Aussehen; nein, wenn ihr eure Nachlässigkeit nicht durch sorgsamen Fleiß bald ausgleicht, habt ihr von mir nichts Gutes zu erwarten."

Einst, so erzählt der Mönch weiter, rief der König, indem er bedauerte, dass es ihm nicht gelinge, die Wissenschaft zu solcher Blüte zu bringen, in welcher sie zur Zeit der Kirchenväter gestanden habe, unmutig aus: „O, dass ich doch zwölf Geistliche hätte, die an Wissen dem Hieronymus und Augustin gleichkämen!" Doch Alkuin, der in seiner Bescheidenheit sich diesen Männern keineswegs gleichstellen wollte, bemerkte: „Der Schöpfer des Himmels und der Erde hatte nur selbst diese beiden, und du willst ihrer zwölfe haben?"

Auch die deutsche Literatur hat Karl in Ehren gehalten. Wie Einhard erzählt, ließ er die deutschen Lieder, in welchen die Taten und Kriege der alten Könige besungen waren, aufschreiben, um sie für die Nachwelt aufzubewahren. Leider ist davon nichts erhalten, ein Verlust, der von allen Forschern der deutschen Sage schmerzlich empfunden wird. Vielleicht gab es damals noch Lieder von Arminius, die Tacitus erwähnt, oder schon einzelne aus dem Sagenkreis der Nibelungen. Den Monaten und Winden hat Karl zuerst deutsche Namen gegeben, die wenigstens bei den ersteren sich Jahrhunderte lang erhalten haben. Auch eine Grammatik seiner Muttersprache begann er sich selbst abzufassen.

Der Same, welchen Karl gesät hat, ist auf fruchtbaren Boden gefallen. Es zeigt sich gar bald, selbst in den entlegensten Gegenden, ein Aufschwung literarischer Bildung, der sich Jahrhunderte erhält und auch anderen Gebieten des staatlichen Lebens zu gute kommt. Allerdings bleibt die Bildung noch lange auf den Kreis der Geistlichkeit beschränkt.

Kapitel XVI.

Karls Persönlichkeit

Nachdem wir im Vorhergehenden die gesamte Tätigkeit Karls wenigsten in kurzen Zügen dargestellt haben, bleibt uns noch übrig, seine Persönlichkeit zu schildern. Leider ist kein Bildnis erhalten, das mit Sicherheit für das des großen Kaisers gelten könnte. Nur eine kleine Statue, die in Metz gefunden ist und sich jetzt in Paris befindet, kann als ziemlich echt gelten (sh. Fig. 1 und 10). Wir fügen noch zwei Abbildungen aus späterer Zeit bei, von denen die erstere der Metzer Statue am nächsten kommt (sh. Fig. 11 u. 12). Die eingehende Schilderung Einhards gibt uns eine genaue Vorstellung von Karls Person. Danach war er von großer Gestalt, etwa sechs Fuß groß und von kräftigem Körperbau. Obwohl er in späteren Jahren etwas zur Korpulenz neigte, verlor seine Gestalt doch nicht an ihrer Schönheit, weil unter den Gliedern das vollste Ebenmaß herrschte. Sein Auge war groß und lebendig, der Gesichtsausdruck wohlwollend, die Nase kräftig entwickelt. Noch im hohen Alter bewahrte er sein Haupthaar, wenn es auch weiß geworden war. Gang und Haltung waren fest, seine Stimme klang heller, als man bei seiner gewaltigen Figur erwarten sollte. Seine Gesundheit war bis in sein hohes Alter vortrefflich, nur in den letzten Jahren litt er am Fieber und an der Gicht. Sein Wohlbefinden verdankte er nicht der Fürsorge der Ärzte, von deren Hilfe er wenig hielt, sondern körperlichen Übungen, auf welche er nach der Sitte seines Volkes viel Gewicht legte. Beständig übte er sich im Reiten und Jagen und tat es im Schwimmen allen zuvor. Viel verdankte er auch der Wirkung der warmen Quellen in Aachen, die er mit Vorliebe besuchte.

Seine Lebensweise war mäßig, besonders zeigte er sich im Trinken enthaltsam, da ihm Trunkenheit widerwärtig war. Im Essen legte er sich weniger Beschränkung auf und vermochte trotz seiner Frömmigkeit die Fasten nicht einzuhalten. Der Mönch von St. Gallen erzählt davon folgende Anekdote: Karl pflegte zur Fastenzeit nach Beendigung der Messe und der Ves-

Fig. 9.

Karls Monogramm. (Aus Thresor des antiquitez I.)

Fig. 10.

Karl der Große. (Vergrößerung zu Fig. 1.) (Aus Stacke, Deutsche Geschichte I.)

Fig. 11.

Karl nach einer Abbildung des 13. Jahrh. (Aus Thresor des antiquitez I.)

per um 2 Uhr zu speisen, nahm aber täglich nur eine Mahlzeit ein. Als der Bischof ihm vorwarf, dass er nicht bis zum Abend wartete, erwiderte er: „ Recht hast du, mein Lieber, dann aber befehle ich dir mit der Mahlzeit zu warten, bis die letzen Diener meines Hofes gespeist haben.“ So geschah es, und der Bischof konnte erst nach Mitternacht Speisen zu sich nehmen. Es bestand nämlich an Karls Hof die Einrichtung, dass ihm Herzöge und Fürsten oder fremde Könige bei Tisch dienten; wenn der König gegessen, setzten sich diese zur Tafel, und ihnen warteten Grafen und andere hohe Beamte auf, und so ging es fort, so dass die geringsten Diener erst nach vielen Stunden zur Mahlzeit kamen. Da erkannte der Bischof, weshalb sich Karl so früh zu Tisch setzte; hätte er bis zum Abend gewartet, so hätten seine Diener hungrig zu Bett gehen müssen.

Auf seiner Tafel erschienen täglich nur fünf Gerichte, darunter ein Braten, meist Wildbret, den ihm die Jäger am Bratspieß bringen mussten. Vom Wein oder einem anderen Getränk genoss er bei Tisch nur drei Becher. Im Sommer aß er etwas Obst zum Nachtisch. Während der Tafel hörte er gerne Musik oder einen Vorleser, der ihm entweder aus historischen Werken oder dem Buch des hl. Augustinus „vom Staat Gottes“ vorlesen musste. Nach Tisch lege er sich für zwei bis drei Stunden zur Ruhe nieder. Des Nachts pflegte er, wenn er erwachte, aufzustehen und Vorträge von Beamten entgegenzunehmen. Ja, er ließ dann, wenn ihm der Pfalzgraf einen Rechtsstreit darstellte, welcher seiner Entscheidung bedurfte, die streitenden Parteien vorladen und fällte das Urteil. Oder er unterhielt sich mit seinen Freunden und gab seinen Beamten die für den folgenden Tag nötigen Aufträge. Morgens und abends, oft auch bei Nacht und zur Zeit der Messe besuchte er die Kirche und wohnte dem Gottesdienst mit großer Andacht bei.

Fig. 12.

Karl nach einer Abbildung des späteren Mittelalters. (Aus Thresor des antiquitez I.)

Kapitel XVII.

Karls Familie

Wie Karl seiner Mutter bis zu ihrem Tod die höchste Ehrfurcht bewies, so hing er mit der größten Liebe an seiner Familie, die sehr zahlreich war. Fünfmal ist er verheiratet gewesen, zunächst mit einer Fränkin namens Himiltrud, von der er sich scheiden ließ, um die Tochter des Königs Desiderius zu heiraten. Nachdem er diese 771 verstoßen hatte, vermählte er sich mit Hildegard, einer Jungfrau aus edlem, schwäbischem Geschlecht, die vom Herzog der Alemannen Gottfried abstammte. Sie war erst dreizehn Jahre alt, starb aber schon 783, nachdem sie ihm neun Kinder, vier Knaben und fünf Mädchen, geboren hatte. Er ließ sie in Metz in der Kapelle seines Ahnherrn beisetzen und beauftragte Paulus Diakonus ihr eine Grabschrift zu verfassen, die noch erhalten ist. Sie war sehr fromm gewesen und wird wegen ihrer Milde gerühmt; auf Karl oder wenigstens auf dessen Politik hat sie keinen Einfluss ausgeübt. Noch in demselben Jahr heiratete Karl Fastrada, eine Tochter des ostfränkischen Grafen Radolf. Sie war von zarter Gesundheit und starb schon 794 in Frankfurt, worauf sie zu Mainz bestattet wurde. Auch ihre Grabschrift, von Theodulf verfasst, ist noch erhalten. Sie allein von allen Frauen Karls scheint auf seine Politik einen Einfluss ausgeübt zu haben, der jedoch nicht segensreich war, vielmehr soll sie ihn bisweilen zur Härte angestachelt und dadurch mehrere Verschwörungen veranlasst haben. Sie hinterließ ihm zwei Töchter. Wohl erst nach einigen Jahren hat sich Karl wieder vermählt und zwar mit Liutgard, einer Frau aus vornehmem, alemannischem Geschlecht. Sie wird von den Schriftstellern an Karls Hof, wie Alkuin und Theodulf, wegen ihrer Schönheit und Liebenswürdigkeit sehr gerühmt. Sie starb kinderlos im Jahr 800 in Tours und wurde da in der Abtei des heiligen Martin beigesetzt. Nach ihrem Tod hat der Kaiser keine rechtmäßige Gemahlin mehr gehabt, dagegen mehrere Kebsweiber, was bei seiner sinnlichen Natur und den damaligen Anschauungen vielleicht entschuldbar ist.

Von seinen legitimen Nachkommen erwähnen wir aus der Ehe mit Hildegard die Söhne Karl, Pippin und Ludwig; der vierte, Lothar, starb schon früh. Von ihnen hat der Vater nur Ludwig, der unter dem Beinahmen „der Fromme“ bekannt ist, überlebt. Er war 781 zum König von Aquitanien erhoben und gleich seinem Bruder Pippin, der das Reich Italien erhielt, vom Papst in Rom gesalbt worden. Pippin, der vor seiner Taufe Karlmann hieß, scheint der bedeutendste von Karls Söhnen gewesen zu sein; sicher überragte er die anderen an Tapferkeit, wie wir beim Krieg gegen die Avaren erwähnt haben. Leider starb er schon 810 und wurde in Mailand bestattet, wo man jüngst einen weißen Marmorstein von allerdings zweifelhafter Echtheit in der Kirche Sant' Ambrogio gefunden hat, der seiner Graburne als Decke gedient haben soll. Pippin hinterließ einen Sohn Bernhard, der nach des Vaters Tod an Karls Hof erzogen wurde und später unter Vormundschaft das Königreich Italien beherrschte. Auch seinen ältesten Sohn Karl hat der Kaiser noch bei Lebzeiten verloren. Er starb nämlich Ende des Jahres 811 unvermählt. Ihm hatte der Vater, der zu ihm eine tiefe Neigung hegte, die Nachfolge in dem wichtigsten Teil des Frankenreiches zugedacht. Seine Tapferkeit wird gerühmt und auch sonst scheint er an Tüchtigkeit und Geist seinen jüngeren Bruder Ludwig überragt zu haben. Aus seiner ersten Ehe, die als nicht ebenbürtig betrachtet wurde, besaß Karl d. Gr. einen Sohn, der auch Pippin hieß, zwar von Antlitz schön, aber durch einen Höcker entstellt war. Zur Nachfolge war er nicht berechtigt, und obwohl ihn Karl hinter seinen jüngeren Söhnen nicht zurücksetzte, ließ er sich 792 zu einer Verschwörung verleiten, die gegen den König und dessen rechtmäßige Söhne gerichtet war. Doch durch einen Langobarden wurde der Anschlag entdeckt und die Verschwörer zum Tode verurteilt, was auch an einem vollstreckt wurde. Nur Pippin wurde ins Kloster Prüm gesteckt, wo er im Jahr 811 starb.

Nicht allein auf die körperliche und geistige Ausbildung seiner Söhne hat Karl große Sorgfalt verwandt, sondern auch seine Töchter ließ er an dem wissenschaftlichen Unterricht teilnehmen und hielt sie dann zu Arbeiten an, die damals bei den vornehmsten Frauen Sitte waren. Sie mussten spinnen und weben lernen, um sich an eine Beschäftigung zu gewöhnen, die sie vor Müßiggang bewahrte. Von seinen Töchtern aus der Ehe mit Hildegard erwähnen wir Rotrud, die eine Zeit lang mit dem Kaiser Konstantin verlobt war. Wahrscheinlich aus politischen Gründen ging die Verlobung auseinander und Rotrud bleib wie ihre jüngeren Schwestern unvermählt. Als Grund dafür gibt Einhard, der seine Verwunderung darüber ausspricht, dass Karl sie nicht an angesehene Männer vermählte, an, dass der König sich von seinen Kindern aus übergroßer Zuneigung nicht trennen wollte. Dadurch hat er dann verschuldet, dass sich seine Töchter in Liebesverhältnisse einließen, die ihrem Ruf sehr schädlich waren. Bertha, gleichfalls eine Tochter aus der Ehe mit Hildegard, hat sich später mit dem Gelehrten Angilbert vermählt, nachdem sie ihm außer der Ehe zwei Söhne, darunter den Geschichtsschreiber Nithard, geboren hatte. Letztere Tatsache hat dann zu einer lieblichen Sage den Anlass gegeben, in welche Karls Biograph Einhard verwickelt ist. Ein Mönch aus dem rheinischen Kloster Lorsch hat nämlich im 12. Jahrhundert folgendes aufgezeichnet: Einhard, Karls Erzkaplan, entbrannte in Liebe zu des Kaisers Tochter Emma und fand bei ihr Erwiderung, obwohl sie mit dem König der Griechen verlobt war. Da sie einander öffentlich nicht sehen konnten, so bewilligte die Prinzessin ihrem Geliebten eine heimliche Zusammenkunft bei Nacht. Als derselbe am Morgen heimkehren wollte, bemerkte er mit Schrecken, dass inzwischen hoher Schnee gefallen sei und fürchtete, dass man aus den Spuren seiner Füße das Geheimnis erraten würde. Doch die Königstochter wusste sich zu helfen; sie trug Einhard auf ihrem Rücken bis in die Nähe seiner Wohnung und kehrte in ihr Gemach zurück, wie sie meinte, unentdeckt. Allein der Kaiser hatte beide beobachtet, schwieg aber, weil er glaubte, dass Gott alles zum Besten wenden würde. Einhard jedoch führte die Entscheidung herbei; er bat zunächst den Kaiser um seine Entlassung, indem er vorgab, dass seine großen Dienste nicht genügend belohnt würden. Der Kaiser berief darauf die Großen des Reiches und den gesamten Hofstaat und erklärte vor diesen, dass er durch die unwürdige Neigung seiner Tochter zu seinem Schreiber sehr beschimpft sei, indem er zugleich seine Beobachtungen an jenem Morgen mitteilte. Die Meinungen der Versammlung waren darüber geteilt, welche Strafe den Schreiber treffen solle. Der Kaiser aber entschied, dass beide Schuldigen ein Paar werden sollten, da dies Gottes Wille sei, der ihre Herzen zueinander hingeneigt hatte. Einhard, der bei der Beratung nicht zugegen gewesen, empfing dann die Eröffnung, dass ihm als Lohn für seine bisherigen Dienste die Hand Emmas zugedacht sei, die schon an jenem Morgen Neigung gezeigt habe, sein Joch zu tragen. Später hat dann, so fügt der Mönch hinzu, Kaiser Ludwig die Güter Michelstadt und Mühlenheim dem Paar geschenkt; an letzterem Ort soll Einhard das Kloster Seligenstadt begründet haben. Nun hat zwar Einhards Gattin Emma geheißen, war aber nicht eine Tochter Karls, der überhaupt keine dieses Namens gehabt hat. Die Sage hat hier an die Stelle von Bertha, die sie zur Braut des byzantinischen Kaisers macht, Emma gesetzt und dem guten Einhard eine Rolle zugeteilt, die eher für Angilbert gepasst hätte. Rotrud hat ihre letzten Jahre wahrscheinlich im Kloster Chelles bei Paris, wo eine Schwester Karls lebte, zugebracht; sie starb schon im Jahr 810, von ihrem Vater tief betrauert. Aus Karls Ehe mit Fastrada stammten zwei Töchter, die in der Geschichte fast gar nicht hervortreten; eine von ihnen, Theoderada, wurde später Äbtissin im Kloster Argenteuil. Von Karls illegitimen Söhnen wurde Drogo später Bischof von Metz und Hug Abt von St. Quentin.

Gar liebliche Bilder von dem innigen Familienleben, dessen Mittelpunkt Karl d. Gr. war, haben uns zwei Gedichte aufbewahrt, welche vertrauten Freunden des Königs ihre Entstehung verdanken. Bischof Theodulf von Orleans beschreibt nämlich in einem Lobgedicht auf Karl einen Tag aus dessen Leben, wie ihn seine Phantasie sich ausmalt. Dass dabei Übertreibungen vorkommen, darf man dem Dichter nicht verargen. Der Inhalt des Gedichtes ist etwa folgender: Karl ist aus der Kirche heimgekehrt und empfängt seine Kinder, die sich ihm zum Gruß nahen. Zuerst treten seine Söhne Karl und Ludwig auf, beide an Körper und Geist gleich hervorragend. Ihnen folgen die Töchter Bertha, Rotrud und Gisela, endlich seine Gemahlin Liutgard, alle durch Schönheit und Anmut ausgezeichnet. Während die Söhne dem Vater Mantel und Schwert abnehmen, überreichen ihm die Töchter Blumen und Früchte. Der Dichter weiß mit Geschick die Schönheit der einzelnen und die Pracht ihrer Gewänder zu schildern. Alsdann erscheinen die Edlen des Reiches, welche der Dienst zum König ruft, und helfen ihm bei Erledigung der Staatsgeschäfte. Endlich geht man zum Mittagsmahl. Dabei sind Hildebald von Köln, der als Kapellan das Tischgebet hält, der gelehrte Alkuin, ferner Rikulf von Mainz, der Kanzler Erchanbald und Einhard zugegen, nebst vielen Geringeren, die der Dichter einzeln aufführt, und deren Verdienste er schildert. Nach beendeter Mahlzeit werden Gedichte Theodulfs vorgelesen und geben dem ungefügen Wibod Gelegenheit, über des abwesenden Dichters hinkenden Gang zu spotten. Das Gedicht endet damit, dass der König sich in sein Schlafgemach begibt, um der Ruhe zu pflegen.

In einem epischen Gedicht „Karl d. Gr. und Papst Leo", das wenige Jahre später wahrscheinlich von Angilbert verfasst ist, wird eine Jagd geschildert, welche der König in einem bei Aachen gelegenen Wald abhält. Sobald der erste Strahl der Sonne die Ebene erhellt, erscheint das Jagdgefolge und harrt des Gebieters vor seinem Palast. Der Klang der Waffen und das Gewieher der mutigen Rosse durchhallt die Luft. Da tritt der Herrscher heraus, umgeben von seinen Edlen, welche er alle an Gestalt überragt. Er besteigt das reich geschmückte Schlachtross, das schon freudig erregt auf den erlauchten Gebieter wartet. Durch das geöffnete Tor sprengt er mit seinem Gefolge dahin und munterer Klang der Hörner erfüllt die Flur. Erst nach geraumer Zeit verlässt die Königin Liutgard ihr hohes Schlafgemach. Ihr schimmernder Hals ist rosig angehaucht von dem Purpur, der Haupthaar und Schläfen durchzieht und umgibt. Aus ihrem goldenen Diadem leuchtet ein Beryll hervor, während ihren Hals kostbare Edelsteine schmücken. Ihre Gestalt umfließt ein weiter Mantel, den goldene Schnüre zusammenhalten. Auch sie steigt zu Ross und eilt, von schönen Jungfrauen umgeben, dem Gatten nach. Erst jetzt kommen des Königs Söhne Karl und Pippin, deren noch eine Schar edler Jünglinge harrt. Ihnen folgen die Töchter, die blondgelockte Rotrud, die männlich ernste Bertha, die jugendliche Gisela, zuletzt Rodhaid, Theoderada und Hiltrud, alle mit Diademen, Edelsteinen und kostbaren Gewändern geschmückt. Die Hunde dringen gierig in das Dickicht ein und scheuchen einen Eber auf, der sich schnellen Laufes dem Gebirge zuwendet, bis er endlich ermüdet anhält, umbellt von den mutigen Rüden. Doch König Karl eilt schneller als ein Vogel herbei und durchbohrt das gewaltige Tier mit seinem Speer, dass es sofort blutüberströmt zusammenstürzt und sein Leben aushaucht. Die Jagd nimmt ihren Fortgang und auch des Königs Söhne beteiligen sich nun daran; doch allen tut es Karl an Gewandtheit zuvor. Zum Schluss verteilt er die Beute unter die anwesenden Edlen und reich beladen wendet sich der Zug in das schattige Gehölz, wo an einer Quelle ein prächtiges Zeltlager aufgeschlagen ist. Ein munteres Gelage, bei dem der König den Vorsitz führt, und an welchem auch seine Töchter teilnehmen, beendet das Fest.

Die Tage der Lust und heiteren Familienglücks haben später anderen Platz gemacht, an denen der König nur zu sehr Grund zur Klage hatte. Die liebsten der Söhne raffte ihm der Tod dahin und auch die Töchter machten ihm, wie wir gesehen haben, einigen Kummer. Wohl mancher seiner Untertanen mochte in diesem herben Schicksal die Strafe sehen, mit welcher der Kaiser seine Sinneslust, den Hang zur Frauenliebe büßte. Ist es doch nur so erklärlich, dass bald nach Karls Tod ein Mönch eine Vision gehabt haben will, nach welcher die Qualen des Fegefeuers den Kaiser um seiner Schwelgerei willen trafen!

Kapitel XVIII.

Die Reichsteilung und Karls Testament

Fast ein Jahrzehnt vor seinem Tod hat Karl Bestimmungen darüber getroffen, wie sein Reich dereinst geteilt werden sollte. Da zu seiner Zeit noch vielfach privatrechtliche Anschauungen auch im Staatsleben ihre Gültigkeit noch nicht verloren hatten, so darf man sich nicht wundern, dass er nicht das ganze Reich seinem Erstgeborenen hinterlassen wollte. Außerdem wären dann die jüngeren Söhne, denen der Kaiser schon lange vorher einzelne Teile des Reiches zur Verwaltung überwiesen hatte, dadurch in empfindlicher Weise gekränkt worden. Auf einer Reichsversammlung in Diedenhofen wurde am 6. Januar 806 eine Urkunde über die Reichsteilung abgefasst, welche von den anwesenden Großen beschworen wurde und dann auch die Zustimmung des Papstes erhielt. Sie wies mit Berücksichtigung der schon früher den Söhnen zur Verwaltung übertragenen Gebiete denselben folgende Länder zu: Ludwig erhielt im Wesentlichen den Süden des heutigen Frankreich bis zur Seine und oberen Saône nebst den spanischen Eroberungen; Pippin Italien und Süddeutschland bis zur Donau nebst dem nördlichen Teil der Schweiz, soweit er damals bewohnt war. Karl endlich empfing den ganzen Norden des Reiches, d. h. die alten Königreiche Neustrien und Austrasien, das nördliche Burgund, Alemannien westlich vom Hegau und die Gebiete der Friesen, Sachsen und Thüringer nebst dem bayerischen Nordgau. Um die Verbindung der Brüder im Fall eines Krieges zu sichern, erhielt Karl durch das Tal von Aosta, Ludwig durch das von Susa einen Zugang nach Italien, während Pippin zwei Wege durch die norischen

Alpen und über Chur offen standen. Falls einer der Brüder vor den anderen stürbe, so sollten die Überlebenden sein Reich teilen und auch für die dann entstehenden Gebiete sind die Grenzen im Einzelnen festgesetzt. Hinterlässt der Sterbende jedoch einen Sohn, so soll derselbe des Vaters Reich erben, wenn ihn das Volk zum Nachfolger erwählt.

Der Kaiser knüpft daran eine Reihe von Bestimmungen, welche den Frieden unter seinen Söhnen sichern und die Rechtsverhältnisse ihrer Untertanen und Vasallen ordnen sollen. Unter ihnen verdient Erwähnung, dass keiner der Brüder in dem Reich des andern Land als Lehen oder durch Kauf erwerben darf. Während über die Vererbung der Kaiserwürde nichts verfügt wird, legt Karl seinen Söhnen den Schutz der römischen Kirche, ferner der einzelnen Kirchen und ihrer Güter im ganzen Frankenreich dringend ans Herz. Auch seiner Töchter und Enkel gedenkt er, indem er jenen anheim stellt, unter welches Bruders Schutz sie zu treten wünschen, und ob sie ins Kloster gehen oder mit Erlaubnis ihrer Brüder sich verheiraten wollen. Seine Enkel empfiehlt Karl dem Wohlwollen seiner Söhne und verbietet dieselben auf bloße Verdächtigung hin ohne gerichtliche Untersuchung töten, verstümmeln oder zu Mönchen scheren zu lassen.

Schon oben haben wir erwähnt, dass die beiden ältesten Söhne Karl und Pippin dem Vater im Tod vorangegangen sind. Deshalb konnte dies Gesetz über die Teilung nicht verwirklicht werden, und Ludwig erbte 814 das ganze Reich. Nur Pippin hinterließ einen Sohn Bernhard, der gemäß den obigen Bestimmungen in Italien folgte, wenn er auch die Länder nördlich der Alpen nicht erhielt. Derselbe war schon 812 in Aachen zum König erhoben. Nach Ludwigs Thronbesteigung erschien Bernhard daselbst und leistete dem Kaiser den Eid der Treue. Doch im Jahr 817 zettelte er eine Verschwörung gegen diesen an und wurde, obwohl er sich reumütig dem Kaiser zu Füßen warf, im folgenden Jahr geblendet. Drei Tage darauf ist er den Verletzungen erlegen.

Nach dem Tod seiner beiden ältesten Söhne entschloss sich Karl auf den Rat der Großen seinen jüngsten, Ludwig, zum Nachfolger zu ernennen. Im Sommer 813 berief er ihn nach Aachen, wo damals die Reichsversammlung zusammentrat, und ließ ihn am 11. September im dortigen Münster die Kaiserkrone sich selbst aufs Haupt setzen, nachdem er ihn an die Pflichten seines hohen Amtes erinnert hatte. Durch diesen Akt wurde Ludwig zugleich Mitregent seines Vaters.

Auch über sein Privatvermögen hat Karl im Jahr 811 in einem Testament verfügt, das er in Gegenwart einer großen Zahl von geistlichen und weltlichen Würdenträgern abfassen ließ. Danach sollte nach seinem Tod der gesamte Inhalt seiner Schatzkammer in folgender Weise verteilt werden: Zwei Drittel aller Schmucksachen und Kostbarkeiten sollten den 21 Metropolitankirchen seines Reiches zufallen und jeder Erzbischof wiederum zwei Drittel von seinem Anteil an die ihm unterstellten Bischöfe überweisen. Der dritte Hauptteil des Nachlasses sollte nach Karls Tod so geteilt werden, dass je ein Viertel davon an seine Nachkommen, an die Armen und die kaiserliche Dienerschaft, endlich an die schon so reich bedachten Erzbischöfe fallen sollte. Nur die kostbaren Geräte und Gewänder, welche in der kaiserlichen Kapelle aufbewahrt wurden, sollten derselben erhalten bleiben. Doch über einige wertvolle Tische verfügte der Kaiser besonders, indem er einen silbernen, auf dessen Platte ein Plan von Konstantinopel eingraviert war, der Peterskirche in Rom, einen andern, welchen ein Bild der Stadt Rom zierte, der Kirche von Ravenna vermachte.

Kapitel XIX.

Karls Tod und Begräbnis

Bis in sein hohes Alter hatte sich der Kaiser eine seltene Rüstigkeit bewahrt; erst in seinen letzten Jahren überfiel ihn bisweilen das Fieber und dann auch das Podagra, das bald so arg wurde, dass er auf einem Fuß lahmte. Auch im Januar 814 wurde er in Aachen vom Fieber ergriffen und musste das Bett hüten. Wie er in ähnlichen Fällen zu tun pflegte, enthielt er sich auch jetzt der Speisen, doch ohne Erfolg, denn es stellte sich eine Rippenfellentzündung ein, an welcher er am 28. Januar vormittags 9 Uhr starb, nachdem er nur wenige Tage bettlägerig gewesen war. Der Erzbischof Hildebald von Köln hatte ihn noch am Tag vorher mit den Sterbesakramenten versehen. Seine letzten Worte waren: „In deine Hände, o Herr, befehle ich meinen Geist!"

Noch an demselben Tag wurde des Kaisers Leichnam in der Marienkirche zu Aachen beigesetzt. Über die Art der Bestattung gehen die Ansichten auseinander. Schriftsteller des 11. und 12. Jahrhunderts erzählen, dass des Kaisers Leib einbalsamiert und, vollständig bekleidet, auf einem Thron niedergesetzt sei. So habe ihn in der Gruft des Münsters Kaiser Otto III. im Jahr 1000 gefunden. Letzteres Ereignis hat sich Wilhelm von Kaulbach als Gegenstand zu einem Wandgemälde erwählt, das sich in einer ehemaligen Kapelle des Germanischen Museums in Nürnberg befindet. Der Kaiser sitzt da in vollem Ornat, auf seinem Haupt die Krone, in der rechten Hand das Schwert, während auf seinen Knien eine Bibel ruht. Der jugendliche Otto betrachtet ihn staunend, von Ehrfurcht ergriffen. Seine Umgebung ist zum Teil auf die Knie gesunken und nur einer scheint den Ernst des Augenblickes nicht zu fühlen und über die seltsame Erscheinung sogar

Fig. 13.

Karls Sarkophag. (Zeitschrift des Aachener Geschichtsvereins III.)

zu spotten. Doch ein Bischof, der zur Rechten Ottos steht, erhebt drohend die Hand und warnt seinen Herrn, die Ruhe des großen Kaisers zu stören. Dieser Auffassung liegt wahrscheinlich die Darstellung der Chronik von Novalese zu Grunde, welche sich auf Mitteilungen des Grafen Otto von Lomello beruft. Doch da heißt es, dass der Kaiser ein Zepter in der Hand getragen habe. Otto III. habe den Leichnam mit neuen weißen Gewändern bekleiden und die Nasenspitze, die durch Verwesung zerstört war, aus Gold erneuern lassen.

Gegen diesen Bericht spricht das Schweigen der gleichzeitigen Quellen, die eine so ungewöhnliche Leichenbestattung sicher erwähnt hätten. Auch Thietmar von Merseburg, dessen Chronik die beste Quelle für das Ende der sächsischen Kaiserzeit ist, erzählt nur, dass Otto III., da er nicht wusste, wo sich die Gebeine Karls des Großen befänden, das Pflaster in der Kirche aufnehmen und graben ließ, bis man dieselben im königlichen Sarg fand. Er erzählt nicht, dass die Leiche selbst unversehrt gewesen, wie die vorher erwähnte Chronik, ebenso wenig, dass der Kaiser auf einem Thron gesessen habe. Denn das Wort, das Thietmar hier gebraucht, bedeutet im späteren Latein häufig „Sarg" und nicht „Thron", wie bei den römischen Klassikern. Jedenfalls wurde Karls Leiche im Jahre 1165, als die Gruft von Friedrich Barbarossa geöffnet wurde, in einem weißen Marmorsarkophag gefunden und nirgends ist erwähnt, dass sie inzwischen in diesen gelegt worden sei. Deshalb hat die andere Ansicht, dass der kaiserliche Leichnam sofort in jenen Marmorsarg gelegt wurde, die größte Wahrscheinlichkeit. Derselbe, ein Kunstwerk aus der Römerzeit, enthält ein Relief, auf welchem der Raub der Proserpina dargestellt ist, und ist noch heute im Aachener Münster zu sehen (s. Fig. 13).

Karl der Große ist auf Veranlassung Kaiser Friedrichs I. von Papst Paschalis III. am 28. Dezember 1164 heilig gesprochen und gehört noch heute zu den Heiligen der katholischen Kirche, obwohl der Papst, dem er diese Ehre verdankt, kein rechtmäßig

Fig. 14.

Reliquienschrein aus dem 12. Jahrh. (Aus Bock, Karls d. Gr. Pfalzkapelle und ihre Kunstschätze.)

Erwählter gewesen ist. Friedrich ließ den Leichnam mit Ausnahme des Kopfes und eines Schenkels in einem silbernen Schrein niederlegen, der später auf dem Altar aufgestellt worden ist (s. Fig. 14). Bald geriet es in Vergessenheit, wo die Gebeine des großen Kaisers ruhten, und erst 1843 hat man dieselben wieder aufgefunden. Nur der Kopf und ein Schenkel waren in der Sakristei aufbewahrt worden und dort als Rest von Karls Leib der schaulustigen Menge gezeigt worden.

Kapitel XX.

Karl und seine Taten nach der Sage

Schon zu Karls Lebzeiten haben sich über seine Person und einzelne seiner Kriegstaten Sagen gebildet, wie man aus einzelnen Andeutungen der Schriftsteller des 9. Jahrhunderts vermuten darf. Sie pflanzten sich durch mündliche Überlieferung weiter fort und haben schon dem Mönch von St. Gallen, auf dessen Darstellung wir oben des Öfteren hingewiesen haben, den Stoff für sein interessantes Büchlein geliefert. Die Gestalt des großen Herrschers trat in den folgenden Jahrhunderten umso mächtiger hervor, je armseliger seine Nachfolger waren, unter deren kraftlosem Regiment das Königtum zuletzt jede Bedeutung verlor und Frankreich ein Spielball in den Händen mächtiger Großen und zum Teil ein Raub benachbarter Völker wurde. Deshalb blickte das Volk mit Bewunderung auf Karls Zeit zurück, der mit starker Hand die Großen im Zaum hielt und seine siegreichen Waffen bis zu den fernsten Nationen trug.

In Frankreich hat sich bekanntlich der romanische Volksdialekt erst allmählich zur Schriftsprache ausgebildet. Deshalb sind erst später Sagen, die sich an Karl knüpfen, in altfranzösischer Sprache aufgezeichnet worden. So sind denn auch die ersten Werke aus diesem Sagenkreis in lateinischer Sprache abgefasst, nämlich ein Fragment in einer Haager Handschrift und die bekannte Lebensbeschreibung Karls und seines Neffen Roland von Turpin. Letztere ist die Quelle der altfranzösischen Chanson de Roland, die um 1100 entstanden ist und den Reigen der epischen Dichtungen eröffnet. An sie schließen sich zahlreiche Epen, welche einzelne Teile der sagenhaften Schicksale Karls oder seiner Vasallen, gleichfalls in französischer Sprache, behandeln. Unter ihnen heben wir die Gedichte von Aspremont, Basin, Mainet, Ogier von Dänemark, Girart von Roussillon hervor. Der sagenhafte Stoff ist dann im 13. Jahrhundert in anderen Gedichten umgearbeitet und oft recht willkürlich erweitert worden. Ja, die einzelnen Ereignisse sind zum dritten Mal nach ihrer inneren Zusammengehörigkeit geordnet und in drei Epen vereinigt worden, in denen teils der König, teils einer seiner Vasallen zum Mittelpunkt der Erzählung gemacht wird.

In der Provence sind nur wenige Gedichte entstanden, unter denen wir die „Einnahme von Gerona" erwähnen wollen. Auch in die Chroniken des 13. und 14. Jahrhunderts sind einzelne Teile der Sage übergegangen, vor allem in Alberich von Troisfontaines und die Chroniken von St. Denis.

Der Aufschwung der französischen Literatur im früheren Mittelalter hat seine Einwirkung auf die Dichter der Nachbarländer nicht verfehlt. Diese haben sich beeilt, den französischen Epen den Stoff für ihre Dichtungen zu entnehmen und sind zu dieser Nachahmung umso mehr angeregt worden, als Karls des Großen Gestalt auch in ihrem eigenen Vaterland populär war, selbst wo er ihren Vorfahren als Feind gegenübergetreten war. Es fehlt diesen nicht französischen Epen durchweg der nationale Charakter, selbst den deutschen, weil sie sich meist streng an die französischen Vorbilder halten. Nur die Kaiserchronik, welche um 1150 in deutschen Versen verfasst wurde, enthält eine vollkommen originale Darstellung von Karls Geschichte, allerdings in einem recht abenteuerlichen Gewand. Hier ist Geschichte und Sage in wunderlichster Weise miteinander gemischt und wenn auch des Kaisers Gestalt aus diesem seltsamen Rahmen noch immer bedeutend hervortritt, so ist doch der Grundcharakter der alten Sage, den Karls Siege über die Ungläubigen ausmachen, völlig verwischt. Nur wegen seiner Sorge für Recht und Gesetz im Reich wird er hier verherrlicht.

Dagegen die wichtigsten Produkte der mittelalterlichen Poesie, welche ihren Stoff aus Karls Zeit wählen, beruhen auf französischen Vorbildern, vor allem auf der Chanson de Roland; so zunächst das Rolandslied, welches ein Weltgeistlicher, namens Konrad, zuerst lateinisch, dann in deutschen Versen für Heinrich den Stolzen um 1130 dichtete. Wir besitzen eine Umarbeitung desselben, in welcher Karl der Große selbst wieder etwas mehr in den Vordergrund tritt, aus dem 13. Jahrhundert von dem so genannten Stricker. Auch die Jugend Karls ist um 1200 in zwei Gedichten behandelt worden, welche am Niederrhein entstanden sind und den Namen Karlmainet (d. h. der keine Karl d. Gr.) führen. Unter den niederländischen Epen erwähnen wir hier nur „Karl und Elegast", unter den nordischen die Karlamagnus-Saga, welche im 13. Jahrhundert in isländischer Sprache abgefasst und im 15. Jahrhundert ins Dänische übersetzt ist. Auch in England, Spanien und Italien gibt es eine Fülle von epischen Gesängen, die im Anschluss an französische Vorbilder entstanden sind. Ihr Inhalt zeigt nirgends eine nationale Einwirkung, ein Beweis, dass das Andenken Karls bei der einheimischen Bevölkerung erloschen war und erst künstlich wieder wachgerufen werden musste.

Ohne Zweifel verdient Karl unter allen Fürsten, welche auf dem fränkischen Thron gesessen haben, den ersten Platz. Deshalb ist es begreiflich, dass manches Ereignis, welches aus dem Leben eines Herrschers in der Volkserinnerung haften blieb, auf ihn übertragen wurde. So scheint z. B. die Sage manche Züge dem Bild seines Großvaters Karl Martell entnommen und ihm angedichtet zu haben. Bekanntlich ist jener ein natürlicher Sohn Pippins von Heristal gewesen. Wenn nun ein Teil der Überlieferung, der sich mit Karls Jugend beschäftigt, ihn zu einem natürlichen Sohn Pippins des Kurzen zu machen sucht, so beruht dies nicht auf der Erinnerung an die verspätete kirchliche Einsegnung der Ehe Pippins, sondern auf einer Verwechslung mit Karl Martell.

Der abenteuerliche Sinn späterer Erzähler, aus deren Mund die epischen Dichter den Stoff zu ihren Werken entnahmen, fand Gefallen daran, Karl den Großen eine sehr traurige, von Gefahren bedrohte Jugend verleben zu lassen, wie sie der Wirklichkeit keineswegs entspricht. Seine Mutter heißt gewöhnlich Bertha und führt den Beinamen „mit den großen Füßen". Sie soll eine Tochter des Königs von Ungarn gewesen, aber von einer Dienerin unmittelbar nach ihrer Ankunft in Paris verdrängt und an ihrer Stelle deren Tochter Pippins Gemahlin geworden sein. Dieser wurde aber in dem Glauben erhalten, als ob seine Gemahlin die echte Bertha wäre. Letztere sollte eigentlich getötet werden, wurde aber von den damit beauftragten Dienern verschont und lebte mehrere Jahre im Dienst eines Kuhhirten im Wald von Maine. Indessen gebar ihre Nebenbuhlerin dem König zwei Söhne. Der Betrug wurde später von Berthas Mutter entdeckt und die Anstifterin allen Unheils verbrannt. Der König aber fand einst, als er auf der Jagd in jenen Wald kam, die echte Bertha im Haus des Kuhhirten wieder und erhob sie nun zu seiner wirklichen Gemahlin. Als solche gebar sie ihm hierauf einen Sohn – unseren Karl.

Nach einer anderen Sage entzog sich Karl den Nachstellungen seiner Stiefbrüder durch die Flucht nach Spanien, wo er Aufnahme bei Galafer, dem König der Sarazenen, fand. Hier führte er sich unter dem Namen Mainet ein, befreite jenen von seinem Feind, dem König Braimant, und wurde dafür zum Ritter geschlagen. Die Tochter Galafers verliebte sich in ihn, wurde Christin und seine Gemahlin, nachdem er mit Hilfe der Sarazenen sein Reich erobert und seine Stiefbrüder bestraft hatte. Dieser Hergang ist in französischen, spanischen und italienischen Gedichten, die vielfach voneinander abweichen, weiter ausgeführt, wir müssen uns darauf beschränken, die Sage, wie sie im deutschen Epos Karlmainet erzählt wird, wiederzugeben.

Hier sind Karls Feinde nicht seine Stiefbrüder, sondern zwei Bauernsöhne, die in einem Dorf bei Paris wohnen. Sie gewinnen durch Heben eines Schatzes großen Reichtum und schleichen sich in Pippins Vertrauen so sehr ein, dass dieser ihnen, als er stirbt, die Vormundschaft über seinen zwölfjährigen Sohn Karl und die Regierung des Reiches überlässt. Sie behandeln jedoch Karl wie einen Knecht und suchen sogar einen Jäger zu überreden, dass er jenen durch Gift aus dem Weg räume. Dieser geht scheinbar auf ihre Zumutung ein, veranlasst aber insgeheim die Großen Frankreichs nach Paris zu kommen. Karl wird aus der Küche, in der man ihn bisher hielt, hervorgeholt, seine Krönung zum König aber noch auf das folgende Jahr verschoben. Inzwischen entschließt sich Karl auf den Rat eines treuen Dieners, der sich durch die scheinbare Nachgiebigkeit der Vormünder nicht täuschen lässt, zur Flucht nach Spanien. Er wird in Toledo von König Galafer mit Freuden empfangen, weil dieser von dem König Braimant von Afrika bekriegt ist, der sich um seine Tochter, die schöne Galienne, bewirbt. Diese entbrennt nun in Liebe zu Karl, den sie heimlich sieht. Der feindliche König wird zurückgeschlagen, kehrt aber im folgenden Jahr wieder und bedroht nun so umso heftiger Toledo. Auf Antrieb der Prinzessin wird Karl zum Ritter geschlagen, tötet in einem Zweikampf Kaiphas, den Neffen Braimants, und verlobt sich in heimlicher Zusammenkunft mit Galienne, die ihm Ring und Gürtel darreicht. Alsdann erschlägt er den feindlichen König, zieht in Gemeinschaft mit Galafer nach Frankreich und besiegt seine Vormünder. Diese fliehen nach Paris, können sich aber, als diese Stadt belagert wird, auch hier nicht halten und werden auf der Flucht gefangen und gehängt. Inzwischen hält Karl als König seinen Einzug in Paris. Galafer kehrt in sein Land zurück, nachdem er den Vorschlag, Christ zu werden, abgelehnt hat. Karl geht aber, wie er mit seiner Geliebten verabredet hat, als Pilger nach Spanien, schleicht sich an Galafers Hof als Bettler ein und entführt Galienne. Nach manchen Abenteuern erreichen die Liebenden die französische Grenze, Galienne wird getauft und von Karl zu seiner Gemahlin erhoben.

Die Sagen von Karls Jugend sind erst spät entstanden und werden nur in wenigen Gedichten behandelt. Weit zahlreicher sind die Epen, welche seine Kämpfe als Herrscher schildern, und zwar erscheinen wie in der Geschichte sowohl Araber, als auch Langobarden und Sachsen als seine Gegner. Doch macht die Sage unter diesen kaum einen Unterschied. Sie betrachtet alle als Sarazenen. Die größte Bedeutung haben seltsamerweise die Kriege in Spanien, obwohl der Erfolg derselben in der Geschichte am unbedeutendsten gewesen ist. Aber hier hat wiederum die Erinnerung an Karl Martells großen Sieg bei Poitiers auf

Fig. 15.

Der Kaiser von Vasallen umgeben. (Aus W. Grimm, Ruolandes Liet.)

die Sage eingewirkt und wie er in Wirklichkeit die christliche Kultur des Abendlandes vor dem Fanatismus der Araber gerettet hat, so bieten die Kämpfe Karls und seiner Vasallen gegen die Übermacht hinterlistiger Feinde der Sage Gelegenheit, die kriegerische Tüchtigkeit und die Treue der Franken im hellsten Licht erstrahlen zu lassen. Dem großen König widerfährt dabei das Missgeschick, dass er eigentlich hinter seinem Neffen Roland, dessen Figur fast völlig auf Erfindung beruht, in den Hintergrund tritt. Wir geben hier den Inhalt dieser Sage nach dem Rolandslied, das im wesentlichen mit seiner Quelle, der Chanson de Roland, übereinstimmt, in Kürze an und fügen aus der noch im 12. Jahrhundert entstandenen Heidelberger Handschrift einige Abbildungen bei:

Karl hat das Reich der Sarazenen bis auf Saragossa unterworfen. Um diese Stadt zu retten, rät der Heide Blanscandiz seinem Herrn, dem König Marsilie, sich scheinbar zu unterwerfen und die Annahme des Christentums zu versprechen. Im Auftrag seines Königs geht er dann als Gesandter zum Kaiser, welcher die

Fig. 16.

Der Kaiser hält mit seinen Fürsten Rat. (Aus W. Grimm, Ruolandes Liet.)

Burg Corderes belagert. Im Fürstenrat erklären sich mehrere fränkische Große, darunter auch Roland, gegen die Annahme der Unterwerfung, weil sie den Heiden nicht trauen, Genelun aber, Rolands Stiefvater, bekämpft lebhaft diese Ansicht. Auf einer großen Versammlung beschließt man dann die Abordnung einer Gesandtschaft an Marsilie, zu der auf Rolands Antrag Genelun ausersehen wird. Da dieser dem sicheren Tod entgegenzugehen fürchtet, schwört er Roland, dem er seine Sendung verdankt, blutige Rache. Unterwegs einigt er sich mit Blanscandiz über den Verrat, dessen Opfer Roland und seine Gefährten werden sollen. Genelun rät dann dem König Marsilie, Karls Forderungen, welche in der Abtretung der Hälfte Spaniens, der Leistung des Lehnseides und der Annahme des Christentums bestehen, zu bewilligen und Roland, der wahrscheinlich zurückbleiben werde, mit aller Macht zu überfallen. Der Kaiser empfängt den Verräter nach seiner Rückkehr höchst ehrenvoll und belehnt, obwohl ihn ein Traum warnt, Roland mit der Hälfte von Spanien. Roland behält bei sich die zwölf Großen und 20.000 Mann. Als der Kaiser abgezogen ist, umringen die Heiden Rolands Heer, werden jedoch wiederholt zurückgeschlagen. Dabei fällt der größte Teil der Christen und Roland sieht sich genötigt, in sein Horn Olifant zu stoßen, dessen Ton so laut ist, dass es der Kaiser auf seinem Marsch vernimmt. Karl kehrt nach Spanien um, nachdem er Genelun, dessen Verrat er ahnt, hat festnehmen lassen.

Inzwischen sind allmählich die Christen und ihre Führer fast alle gefallen; auch der Erzbischof Turpin ist wie tot zu Boden gesunken, doch als die Heiden wiederum angreifen, werden sie von ihm, der wieder zu sich kommt, und Roland nochmals zurückgetrieben. Endlich fällt auch Turpin, und Roland, der mit dem Horn noch einen Heiden erschlagen hat, wobei es zerspringt, versucht vergeblich, sein Schwert Durendart auf einem Stein zu zertrümmern, damit es nicht in die Hand der Feinde falle. Darauf stirbt er. Endlich kommt der Kaiser, der die Toten beerdigt. Er vergießt dabei blutige Tränen, so dass der Stein, auf dem er sitzt, noch heute, so sagt das Gedicht, nass ist. Der König von Persien, Marsilies Lehnsherr, ist mit einem Heer herangezogen, wird aber vom Kaiser geschlagen und selbst getötet. Karl nimmt darauf Saragossa ein, nachdem sich Brechmunde, die Gattin des inzwischen vor Gram gestorbenen Marsilie, unterworfen hat. Auf einer Reichsversammlung zu Aachen erscheint dann Alda, Rolands Gemahlin, vor Karl und fordert ihren Geliebten zurück. Als sie den Tod Rolands erfährt, sinkt sie tot nieder. Genelun wird zur Strafe für seinen Verrat von wilden Pferden zerrissen, nachdem Gott in einem Zweikampf gegen ihn entschieden hat.

Eine italienische Sammlung von Epen der Karlssage aus dem 14. Jahrhundert behandelt die Schicksale von Rolands Eltern, die durch Uhlands Ballade weithin bekannt geworden sind. Danach verliebte sich der Ritter Milon in Karls Schwester Bertha

Fig. 17.

Des Kaisers Traum. (Aus W. Grimm, Ruolandes Liet.)

und fand bei ihr Erwiderung; er verkleidete sich als Magd, um der Geliebten nahe zu sein, doch der Kaiser warf die Liebenden ins Gefängnis. Beide entflohen, Milon nährte sich kümmerlich als Holzhacker, während Bertha in einer Höhle Roland das Leben gab. Als ihre Lage immer jämmerlicher wurde, zog Milon in die Welt und überließ seine Gattin mit ihrem Kind in Sutri der öffentlichen Mildtätigkeit. Als Karl einst auf der Rückkehr von

Fig. 18.

Rolands Belehnung.

Fig. 19.

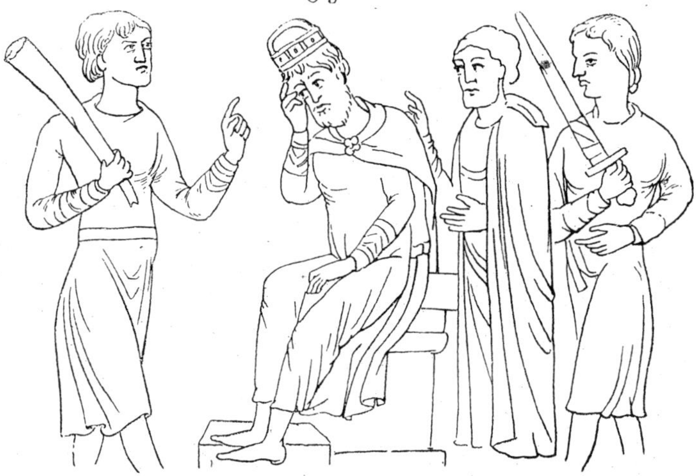

Genelun sucht die Befürchtungen des Kaisers zu zerstreuen.
(Aus W. Grimm, Ruolandes Liet.)

Fig. 20.

Roland empfängt Turpins geistlichen Zuspruch.

Fig. 21.

Die Königin Brechmunde empfängt den siegreichen Karl am Thore von Saragossa.
(Aus W. Grimm, Ruolandes Liet.)

Rom ihre Stadt berührte, erschien der kleine Roland an seiner Tafel und trug eine volle Schüssel, ohne ein Wort zu sagen, fort. Dies führte dann zur Erkennung des Kindes und zur Begnadigung seiner Eltern.

Einige Ergänzungen erhält die Sage über den spanischen Krieg in der Kaiserchronik, die hier auch ihre Stelle finden mögen. Danach wurde Karls Heer in Galizien von den Sarazenen geschlagen, wobei er allein entkam; noch heute ist, sagt die Chronik, der Stein nass, worauf weinend der König saß und Gott sein Leid klagte. Da erschien ihm ein Engel und riet ihm, aus Frankreich alle Frauen und Jungfrauen kommen zu lassen und mit ihnen den Kampf fortzusetzen, weil die Männer gefallen waren. Es erschienen mehr als 50.000 Jungfrauen und rüsteten sich zur Schlacht. Da die Heiden sie für Männer hielten, bemächtigte sich ihrer ein gewaltiger Schrecken; sie ergaben sich und ließen sich taufen. Als die Jungfrauen auf ihrem Rückzug zu einer grünen Wiese kamen, steckten sie ihre Lanzenschäfte in die Erde und blieben daselbst über Nacht. Am Morgen waren die Schäfte mit Laub bedeckt und die Stelle heißt noch heute der „Schäftenwald."

Über Karls Kämpfe mit den Langobarden haben wir oben einige Sagen aus der Chronik von Novalese in unsere Darstellung aufgenommen. Wir ergänzen dieselben durch einige Bemerkungen über den Inhalt der französischen Gedichte „Aspremont" und „Ogier der Däne". In dem ersten Werk heißt es: Agoland, der König von Afrika, sendet seinen Sohn Omont mit seinem Heer nach Italien, weil Karl abgelehnt hat, zum Islam überzutreten und jenem den Lehnseid zu leisten. Karl rückt mit einem Heer den Heiden nach Kalabrien entgegen, wo es bei Aspremont zur Schlacht kommt. Die Feinde werden geschlagen, Karl aber wäre beinahe von Omont, der sich auf der Flucht zur Wehr setzt, getötet worden, wenn ihn nicht Roland gerettet hätte. Dieser war nämlich trotz des Verbotes des Kaisers dem Heer gefolgt und nur mit einem Stock bewaffnet, da er noch nicht Ritter war. Er schlug den Heiden auf den Arm, dass dieser das Schwert fallen ließ, ergriff dasselbe und tötete jenen. Ein gleiches Schicksal erlitt König Agoland, der inzwischen nach Italien gekommen war.

Ein anderer Krieg Karls in Italien, der ebenso wenig wie der eben erzählte einem historischen Ereignis entspricht, wird in einem Lied des Epos „Ogier der Däne“ behandelt. Da wird des Kaisers Zug über die Alpen durch den Einfall des heidnischen Königs Corsuble in den Kirchenstaat veranlasst. Eine Schlacht entspinnt sich bei Sutri, in welcher sich schon der Sieg den Feinden zuneigt, weil Karls Bannerträger aus Feigheit die Flucht ergreift. Karl wird aus drohender Lebensgefahr von dem jugendlichen Ogier gerettet und erringt zum Schluss natürlich den Sieg.

Karls Kämpfe gegen die Sachsen werden in den Sagen nur gelegentlich erwähnt und in ihnen ist der eigentliche Held der Sachsenherzog Widukind oder, wie er in der Sage heißt, Wittekind. Seine Gestalt ist der ursprünglichen Sage, nämlich der französischen, vollkommen fremd, umso mehr hat sich in seiner Heimat Westfalen die Phantasie des Volkes mit ihm beschäftigt. Besonders ist die Gegend zwischen dem Teutoburger Wald und dem Wiehengebirge voll von Erinnerungen an ihn, in Enger zeigt man sein Grab, in Bergkirchen soll er die Taufe empfangen haben.

In dem Leben der Königin Mathilde, das in der zweiten Hälfte des 10. Jahrhunderts verfasst ist, wird erzählt, dass die Unterwerfung der Sachsen erfolgt sei, nachdem Karl ihren Herzog Wittekind im Zweikampf mit Gottes Hilfe besiegt habe. Im 11. Jahrhundert erwähnt der fromme Bischof Petrus Damiani in seiner Schrift „Über die Almosen“ folgende Anekdote, welche für Karl nicht gerade schmeichelhaft ist. Dieser ließ während der Mahlzeit die Armen, welche er speiste, am Boden sitzen, während er selbst auf hohem Thron Platz nahm. Widukind, welcher gefangen gleichfalls am Mahl teilnahm, sandte ihm darauf durch einen Boten folgende Mahnung: „Christus sagt, dass er in der

Person der Armen selber aufgenommen werde. Wie wagst du es nun, von uns Demut zu verlangen, wenn du ihn selbst so verächtlich behandelst?“ Der Kaiser errötete und erschrak, dass der Heide die Lehren des Evangeliums besser verstanden habe als er.

Auch über Widukinds Taufe hat sich eine allerdings erst spät entstandene Sage erhalten: Karl pflegte die Bettler, welche ihm in Mengen folgten, an hohen Festtagen mit einem Silberpfennig zu beschenken. Dies benutzte Wittekind, welcher Karls Kriegsrüstung auskundschaften wollte, und schlich sich, als Bettler verkleidet, in dessen Lager ein. Als beim heiligen Osterfest der König in seinem Zelt die Messe lesen ließ, erblickte der Heide in der Hostie, welche der Priester emporhob, ein lebendiges Kind von großer Schönheit. Bei der Verteilung der Almosen an die Menge wurde Wittekind erkannt und vor den König geführt. Hier erzählt er das Wunder, das er allein von allen Anwesenden soeben geschaut hatte und war davon so ergriffen, dass er willig die Taufe annahm.

Im nördlichen Westfalen hat sich bekanntlich der Name „Meier“ als eine Bezeichnung für den Besitzer eines Hofes vom Mittelalter her erhalten. Nun geht die Sage, dass Herzog Wittekind vierzehn Bauern Höfe übertrug und sie dadurch zu besonderem Dienst verpflichtete. Noch heute leiten sich von jenen Vasallen Wittekinds sieben „Meier“ um Enger im Kreis Herford und sieben im Landkreis Bielefeld ab, welche Namen wie Nordmeier, Ebmeier u. a. führen und im Volk noch manche Ehrenrechte genießen.

Es ist erklärlich, dass in Sachsen selbst das Volk keine Neigung verspürte, die Siege Karls über seine Vorfahren zu verherrlichen. Der Bischof Thietmar von Merseburg erwähnt vielmehr eine Niederlage, die Karl durch die Sachsen erlitt, so dass er bis zum Main fliehen musste. Als sich überall der Fluss zu tief erwies, um ihn zu durchwaten, soll den Franken eine Hirschkuh erschienen sein und ihnen den Weg durch eine Furt gezeigt haben. Diese Stelle hieß seitdem die „Frankenfurt“ und von ihr empfing die dort stehende Stadt den Namen.

Karls Beziehungen zum Kalifen Harun als Raschid haben schon im 10. Jahrhundert der Sage den Anlass gegeben, einen Zug des Kaisers nach dem Morgenland zu erdichten. Derselbe findet sich zuerst in der Chronik des Mönches Benedikt von St. Andrea (am Berg Sorakte in Italien), die damals abgefasst ist. Der leichtgläubige Verfasser trägt keine Bedenken, diese Fabel in die Nachrichten einzuschieben, die er aus Einhard aufnimmt: König Karl rüstet an der Küste Italiens eine große Flotte aus und zieht von der mythischen Stadt Traversus, wo er eine Brücke über das Meer schlagen lässt, in das Land der Griechen. Alsdann kommt er zum Grab des Heilandes nach Jerusalem und schmückt die Stätte mit Gold und Edelsteinen. Der König der Perser, Aaron (Harun), mit welchem er innig befreundet ist, stellt darauf die Krippe zu Bethlehem und das Grab des Erlösers unter seine Gewalt. Er begleitet dann Karl bis Alexandria und scheidet von ihm in Frieden. Der fränkische König bringt aus Konstantinopel Reliquien vom Leichnam des heiligen Andreas mit und legt einen Teil davon im Kloster am Berg Sorakte nieder. Wo sie sich jetzt befinden, weiß der Chronist nicht mehr anzugeben. Diesen Besuch des Kaisers in Konstantinopel ließ der Abt Suger im 12. Jahrhundert auf einem der Chorfenster von St. Denis darstellen (sh. Fig. 22).

Ein anderer Teil der epischen Gedichte beschäftigt sich mit Karls Kämpfen gegen seine Vasallen. Wir müssen uns beschränken, daraus die Sage von „Ogier dem Dänen" mitzuteilen, die bis ins zwölfte Jahrhundert zurückreicht; Ogier ist von seinem Vater, dem König Gottfried, dem Kaiser als Geisel überlassen worden. Beim Schachspiel gerät Karls Sohn Charlot mit Ogiers Sohn in Streit und erschlägt ihn mit dem Schachbrett. Der Kaiser gewährt dem Vater keine Genugtuung, sondern schickt ihn vielmehr in die Verbannung. Ogier begibt sich an den Hof des Desiderius nach Italien, der ihm ehrenvolle Aufnahme gewährt. Karl verlangt seine Auslieferung und beginnt, als diese abgelehnt wird, den Krieg gegen die Langobarden.

Diese werden besiegt, Desiderius wirft sich in das befestigte Pavia, während Ogier im Gebirge eine Zuflucht sucht. Hier wird er in seiner Burg Castelfort vom Kaiser belagert. Endlich beschließt er bei Nacht ins feindliche Lager zu dringen und seinen Feind Charlot zu töten, gesteht dies aber letzterem selbst, nachdem dieser geschworen hat, dass er die Mitteilung nicht zu seinem Vorteil benutzen wolle. Trotzdem entzieht sich Charlot dem drohenden Tod durch die List, indem er in seinem Zelt zwei Betten aufstellen lässt, von denen das prachtvoll ausgestattete leer bleibt, während er sich auf dem unscheinbaren Lager verbirgt. Ogier erscheint nun bei Nacht und glaubt seinen Feind zu töten, indem er seinen Speer in das Prachtbett stößt. Schließlich wird er selbst während des Schlafes überfallen und gefangen. Der Kaiser will ihn töten lassen, aber Charlot bittet für ihn und der Erzbischof Turpin verpflichtet sich, ihn bei magerer Kost gefangen zu halten. Er will ihm nämlich nur täglich ein Stück Fleisch, ein Viertel Brot und einen Napf Wein geben, wobei er als unersättlicher Esser sicher verhungern müsste. Doch der gutmütige Erzbischof lässt ihm insgeheim Brote von einem Zentner backen und gibt ihm täglich das Viertel eines Rindes und einen Humpen Wein, der acht Liter misst. Da jedermann von seinem Tod überzeugt ist, fallen die Sarazenen ins Land, um ihn zu rächen und niemand wagt ihnen zu widerstehen. Nur von Ogier wäre Rettung zu erwarten, wenn er noch lebte. Endlich gesteht Turpin, dass der Gefangene noch am Leben sei. Dieser erklärt sich zur Hilfe bereit, wenn ihm der Kaiser gestatten würde, seinen Sohn Charlot für die Tötung seines eigenen Sohnes zu strafen. Mit schwerem Herzen gibt dies Karl zu, schon zieht Ogier sein Schwert aus der Scheide, um den verhassten Gegner zu durchbohren, da erscheint ein Engel und verhindert die blutige Rache. Ogier besiegt nun die Sarazenen und wird von Karl reich belohnt.

In den Kreis der Kämpfe Karls mit seinen Vasallen fällt auch eine Sage, welche in dem niederländischen Gedicht „Karl und

Elegast" behandelt ist. Im Traum erscheint nämlich dem Kaiser ein Engel, der ihm den seltsamen Auftrag gibt, bei Nacht auf Raub auszuziehen; Karl gehorcht mit Widerstreben. Als er dann allein durch die stille Nacht dahin schreitet, fällt ihm ein, dass er

Fig. 22.

Karls Empfang in Konstantinopel. (Aus Thresor des antiquitez I.)

einst um geringen Fehles willen den Ritter Elegast verbannt und ins Elend gestoßen hat. Darauf trifft er einen schwarzen Ritter auf einem Rappen. Beide geraten in Kampf, der Fremde wird besiegt und gibt sich dann als Elegast zu erkennen, der aus Not ein Räuber geworden ist. Doch nur die Reichen haben von ihm zu leiden, den Armen ist er ein Wohltäter. Der Kaiser gibt vor, gleichfalls ein Räuber zu sein und Albrecht zu heißen und fordert ihn auf, in Karls Schatzkammer einzubrechen. Dies lehnt Elegast entschieden ab und rät zu einem Einbruch bei Eckerich, dem Schwager des Kaisers. Auf dem Schlosshof erfährt der Verbannte von den Hähnen, deren Sprache er mittels eines Zauberkrautes, das er in den Mund genommen, versteht, dass jenseits der Mauer, wo Karl zurückgeblieben sei, der Kaiser sei; doch sucht ihm Karl diesen Gedanken auszureden. Elegast dringt nun in die Schatzkammer Eckerichs ein und belauscht ein Gespräch zwischen diesem und seiner Gattin, der er einen Anschlag auf den Kaiser mitteilt, von dem ihn jene vergebens zurückzuhalten sucht. So erfährt Karl die ihm drohende Verschwörung und kehrt, über die Bedeutung seines Traumes völlig aufgeklärt, nach Ingelheim zurück. Als Eckerich mit seinen Genossen am Hof erscheint, lässt ihn der Kaiser festnehmen und durch Elegast des Verrates überführen. In einem Zweikampf, der dann zwischen beiden stattfindet, unterliegt Eckerich und büßt sein Verbrechen am Galgen. Elegast, der wieder in seine Würden eingesetzt wird, erhält Eckerichs Witwe zur Frau.

Karls auch in der Geschichte imponierende Erscheinung wird von der Sage mit riesenhafter Stärke ausgestattet. Schon beim Mönch von St. Gallen findet sich die Neigung, den Kaiser als übermenschlich erscheinen zu lassen. Als z.B. griechische Gesandte an seinen Hof kamen, musste der Marschall auf hohem Sessel, umringt vom Hofstaat, dieselben empfangen. Sie halten ihn für den Kaiser und werfen sich zu Boden. Doch man macht sie durch Schläge auf ihren Irrtum aufmerksam und sie wollen dann nacheinander die gleiche Ehre dem Pfalzgrafen, dann dem Truchsess zuteil werden lassen. Endlich erbarmt sich Karl ihrer Verlegenheit und empfängt sie „strahlend wie die Sonne beim Aufgang, mit Gold und edlen Steinen geschmückt“. Die Gesandten fallen vor Ehrfurcht wie leblos zu Boden und kommen nur allmählich wieder zu sich. Mehr Haltung zeigen die Gesandten Konstantins, deren Empfang durch Karl eine Abbildung des 13. Jahrhunderts darstellt (s. Fig. 23).

Gewaltig ist auch der Eindruck, den der Kaiser auf persische Gesandte macht, obwohl er ihnen freundlich Mut zuspricht. Er lässt sie in Aachen auf die Galerie steigen, welche die Kirche um-

Fig. 23.

gibt, und wie sie auf die ehrwürdige Geistlichkeit und das zahlreiche Heer, welches den erhabenen Herrscher umringt, hinabschauen, brechen sie in die Worte aus: „Früher haben wir nur Menschen von Erde gesehen, jetzt aber einen goldenen!“

Die gleiche Tendenz, Karl zu erheben, zeigt folgende Geschichte desselben Mönches. Als der Einfall Karls in Italien droht, verschanzt sich Desiderius in Pavia und steigt mit einem Franken Otkar, der als Flüchtling bei ihm weilt, auf einen Turm, um nach Karl auszuschauen. Als der fränkische Tross sich zeigt, fragt Desiderius seinen Begleiter, ob Karl darunter sei. Doch dieser verneint es und ebenso, als das mächtige Heer, der stattliche Hofstaat und die glänzende Geistlichkeit der Franken erscheint. Desiderius will sich schon jetzt unter der Erde verbergen, weil ihm der Feind schrecklich erscheint. Otkar aber sagt: „Wenn auf den Gefilden ein eisernes Saatfeld starrt und der Po und Tessin mit dunklen, eisenschwarzen Meereswogen gegen die Mauern der Stadt anschwellen, dann naht der unvergleichliche König." Und so war es; taghell wurde es vom Schein der Waffen und alle überragend, erschien der eiserne Karl, umringt von in Eisen gehüllten Kriegern.

Weit stärkere Farben trägt Turpin in seinem Leben Karls und Rolands auf; der Abstand von der Wirklichkeit tritt noch greller hervor, wenn man seine Schilderung von Karls Person mit der immerhin nüchternen Darstellung Einhards vergleicht. Bei Turpin misst Karl schon acht Fuß, sein Antlitz ist 1 ½ Spannen lang und von fast ebenso langem Bart umrahmt. Unter seiner Stirn, die einen Fuß breit ist, glänzen zwei Augen wie die eines Löwen und erfüllen den, welchen er im Zorn anschaut, mit tiefstem Schrecken. Der übermenschlichen Figur entspricht ein gewaltiger Appetit; seine Mahlzeit machen zwei Hühner und eine Gans, ein Schweineschinken, ein ganzer Hase oder der vierte Teil eines Hammels aus. Der Kaiser vermag mit einem Schwertstreich einen gepanzerten Reiter mitten entzwei zu spalten, biegt ohne Mühe vier Hufeisen auseinander und hebt mit einer Hand einen Reiter samt seiner Rüstung bis zur Kopfhöhe empor. Dergleichen scheint nicht müßige Erfindung, sondern lässt die Einwirkung der Mythe vermuten, die den sterblichen Herrscher mit dem Nimbus eines Gottes umhüllt. Bedenkt man weiter, dass in einzelnen Sagen eigentlich Karl selbst der Vater des Roland und Bertha zugleich seine Schwester und sein Weib ist, so sieht man hinter dem großen Kaiser die gewaltige Gestalt des Vater Zeus emporragen und nun wird erst eine Sage verständlich, die ihm eine große Sünde zum Vorwurf macht, ihn aber durch Gottes unmittelbares Eingreifen Vergebung finden lässt. Bei den Germanen verglich man ihn mit dem Allvater Wodan und nannte das leuchtende Siebengestirn am Himmel den Karlswagen.

In der Kaiserchronik trägt Karls Bild menschlichere Züge, und mehr Wert wird auf seine geistigen und sittlichen Vorzüge, als auf seine übermenschliche Stärke gelegt. Vor allem wird seine Weisheit gerühmt und seine Gerechtigkeitsliebe hat in der Sage vom „Kaiser und der Schlange" einen schönen Ausdruck gefunden. Als Karl nämlich zu Zürich in dem Haus, genannt „zum Loch", wohnte, ließ er eine Säule mit einer Glocke und einem Seil daran errichten, damit sich jeder bei ihm Gehör verschaffen und Recht holen könne. Einstmals erklang die Glocke, ohne dass man einen Menschen in der Nähe bemerken konnte. Schließlich gewahrte man eine Schlange, welche am Seil zog. Der Kaiser kam hinzu und ließ sich von dem Wurm zu einem Teich führen, an dessen Ufer auf dem Schlangennest eine gewaltige Kröte saß. Karl entschied den Streit beider Tiere, indem er die Kröte zum Feuertod verurteilte. Zum Dank brachte ihm darauf die Schlange einen kostbaren Edelstein, den der Kaiser seiner Gemahlin schenkte. Seitdem fühlte sich Karl in unwandelbarer Neigung zu dieser hingezogen und bewahrte diese seiner Gemahlin auch nach ihrem Tod, weil sie den Stein unter ihrer Zunge verborgen hatte. Doch nach vielen Jahren entwendete ein Höfling den Edelstein und lenkte dadurch die Zuneigung des Kaisers auf sich. Als er ihn aber einst in eine heiße Quelle warf, wandte sich die Liebe des Kaisers dieser zu und er erbaute an jener Stelle seine Residenz Aachen. Auch der Dichter Petrarca erzählt diese Sage in seinen Briefen, ohne jedoch der Herkunft des Edelsteins, der hier in einen Ring gefasst ist, zu gedenken.

Was hier noch von den Sagen, die sich an Karls Person knüpfen, Erwähnung verdient, bezieht sich auf seine Liebesneigungen und Abenteuer. Dabei erscheint der Kaiser nicht immer im günstigsten Licht. In der Legende der heiligen Amalberga, die im 12. Jahrhundert abgefasst ist, wird erwähnt, dass König Pippin die Heilige ursprünglich mit seinem Sohn vermählen wollte. Doch diese war den Freuden dieser Welt abhold und entfloh, als Karl sie als Gattin heimführen wollte. Als dieser später König geworden war, verfolgte er Amalberga mit seiner Liebe bis in eine Kapelle, wo sie am Altar Schutz suchte. Er ergriff sie am Arm so heftig, dass derselbe brach. Aber die Gottesmutter heilte sie alsbald, und der König war durch dies Wunder so ergriffen, dass er den Frieden der Jungfrau nicht mehr störte.

Zum Schluss teilen wir eine Sage mit, welche der Dichter Jans der Enenkel im 13. Jahrhundert überliefert hat, und welche nicht nur die Treue von Karls Gemahlin Hildegard, die auch sonst verherrlicht wird, sondern auch des Himmels besondere Gnade für Karl erkennen lässt. Als dieser nämlich nach Ungarn zieht, um die Heiden zu bekehren, verspricht er seiner Gattin die Rückkehr innerhalb zehn Jahren; wenn er inzwischen nicht käme, dürfe sie ihn als tot betrachten, doch falls er ihr einen goldenen Reif zusenden würde, solle sie dem Überbringer Glauben schenken. Schon ist der König neun Jahre fort und Aufruhr und Verwirrung herrschen im Reich. Nach langem Widerstreben gibt die Königin den dringenden Bitten ihrer Großen nach und verspricht am dritten Tag darauf einem Fürsten am Altar die Hand zu reichen. Doch Gott teilt dem König in Ungarn die Gefahr durch seinen Engel mit und führt jenen in drei Tagen auf wunderbare Weise bis zu seiner Hauptstadt Aachen. Karl steigt in einem Wirtshaus ab und wartet bis zur Nacht, obgleich er vernimmt, dass an demselben Tag noch die Hochzeit gefeiert werden soll. Noch vor Tagesanbruch lässt er sich wecken und schenkt dem Diener den goldenen Reif, den er jetzt völlig entbehren kann. Dann lässt er sich von dem Wirt zur Burg geleiten, schlüpft durch das Burgtor und begibt sich in den Dom. Hier setzt er sich auf den Königsstuhl, zieht sein Schwert und legt es über seine Knie. Es besteht nämlich, so sagt der Chronist, bei den Franken das Recht, dass, wer auf dem Stuhl im Dom sitzt,

König sein muss. Als der Messner die Kirche betritt und die seltsame Erscheinung erblickt, meldet er es den Domherren, von denen einer ein Licht ergreift, um sich von der Wahrheit des Berichtes zu überzeugen. Als er sich dem König nähert, entfällt das Licht seiner Hand und er flieht zum Bischof. Dieser eilt, von zwei Knechten, die Kerzen tragen, begleitet, in den Dom und redet die Gestalt an. Dieselbe antwortet: „Euch allen war ich bekannt, als ich König Karl hieß." Sogleich erkennt der Bischof seinen Herrn und führt ihn voll Freuden in sein Haus. Durch das Geläute der Glocken, das der Bischof sofort anordnet, werden die Hochzeitsgäste, die noch versammelt sind, beunruhigt und entfliehen, sobald sie die Ursache desselben erfahren. Auf Bitten des Bischofs nimmt der König seine Gattin wieder zu Gnaden auf, zumal er einsieht, dass sie nur widerstrebend die Einwilligung zur Hochzeit erteilt hat.
